黎明期の異国見聞録

徳田寿秋

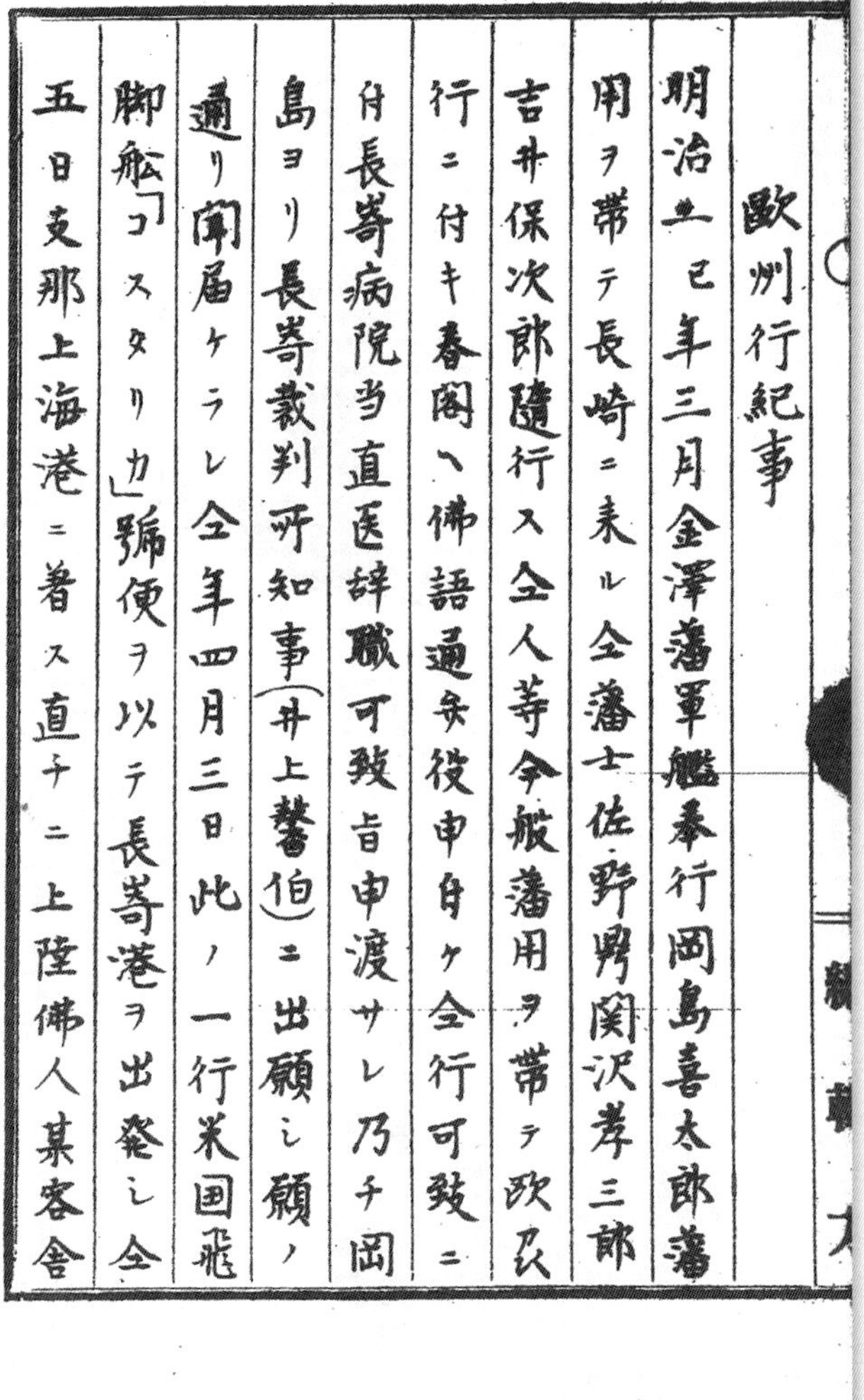
歐州行紀事
明治二巳年三月金澤藩軍艦奉行岡島喜太郎藩用ヲ帯テ長崎ニ来ル仝藩士佐野鼎関沢孝三郎吉井保次郎随行ス仝人等今般藩用ヲ帯テ欧[illegible]行ニ付キ春閣ヘ佛語通弁役申付ケ仝行可致ニ付長崎病院当直医辞職可致旨申渡サレ乃チ岡島ヨリ長崎裁判所知事（井上馨伯）ニ出願シ願ノ通リ聞届ケラレ仝年四月三日此ノ一行米国飛脚船「コスタリカ」號便ヲ以テ長崎港ヲ出発シ仝五日支那上海港ニ着ス直チニ上陸佛人某客舎

「伍堂卓爾一世紀事」（金沢市立玉川図書館蔵）の一部分

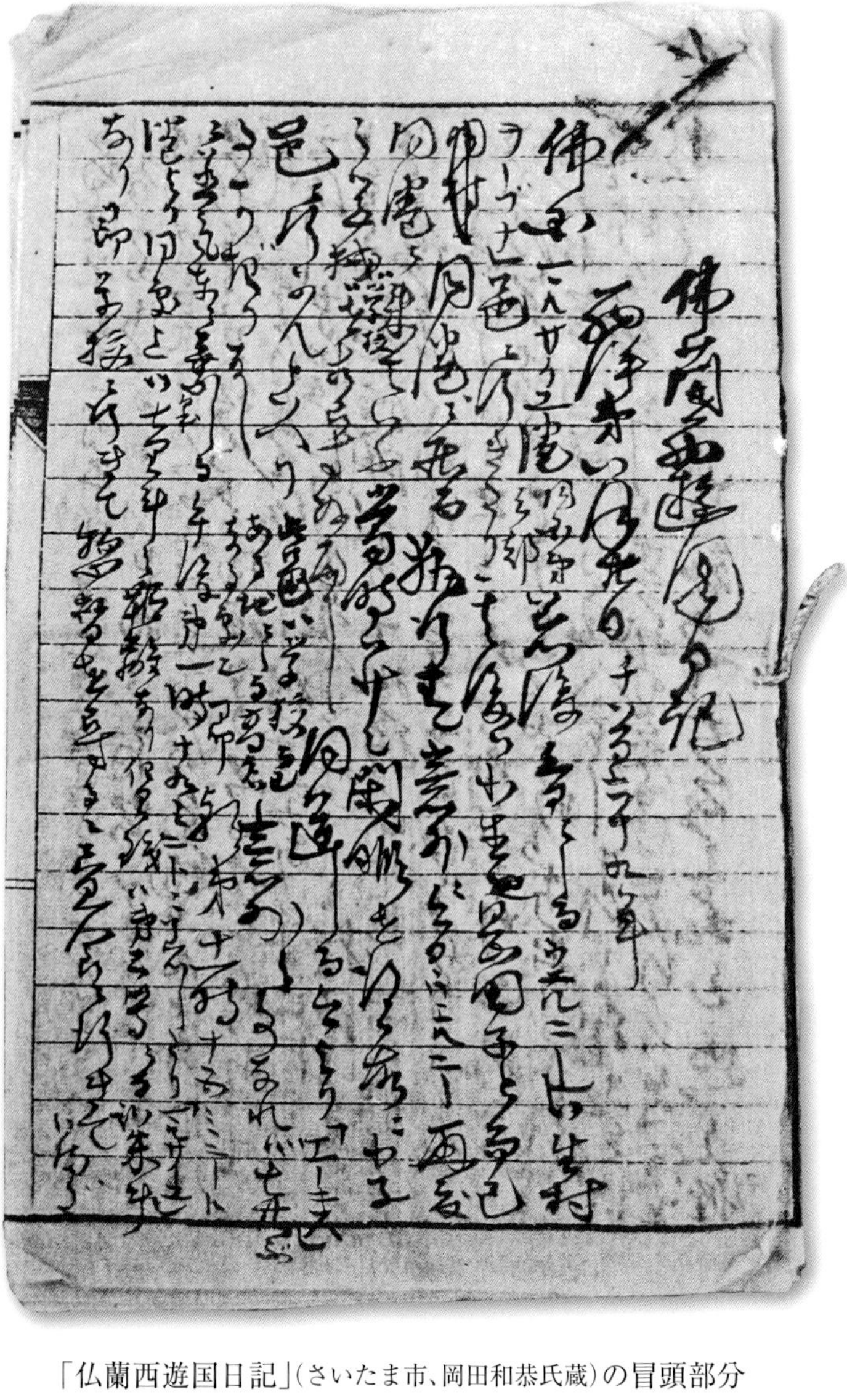

「仏蘭西遊国日記」(さいたま市、岡田和恭氏蔵)の冒頭部分

はじめに

嘉永六年（一八五三）のペリー浦賀来航と翌年の再来での日米和親条約の締結により、二〇〇年以上にわたって幕府によって続けられてきた鎖国政策に終止符が打たれることとなった。

その後の明治四年（一八七一）の廃藩置県までの幕末維新期の混迷の時期には、万延元年（一八六〇）の遣米使節に始まり、その後、幕府や明治新政権による遣外使節団の派遣がなされ、同時に文久二年（一八六二）の榎本武揚、西周ら九名のオランダへの幕府による海外留学生派遣も始まり、その後も幕府と明治政権によって幾多の海外留学生が海を渡った。

また、諸藩においても長州藩や薩摩藩などでは、慶応二年（一八六六）四月に幕府が海外渡航の禁を解き、同年十月から旅券発給の事務を開始する以前に密航の形で海外に留学生を派遣していたし、海外渡航解禁後は先進諸国の文物や学問を吸収して我が国や各諸藩の近代化を図ろうとして留学生の派遣は急増した。このようなことから、この時期に多くの人々が海外に雄飛し、西欧の息吹を体感することになる。

幕末維新期の加賀藩においても、明治四年（一八七一）の廃藩置県に至るまでの間に十九名の者が海外に雄飛した。最初の人物は駿河生まれで後に加賀藩に出仕し、万延の遣米使節や翌年の遣欧使節に加わり、維新後は現在の開成学園の前身である共立《きょうりゅう》学校を創始した佐《さ》野鼎《のかなえ》であった。最後は廃藩置県が断行される直前の明治四年四月に明治新政府の太政官布達による欧州視察団に加わり派遣された岡田雄次郎ら三人であった。

これら十九名の人たちについて私はかつて不十分ではあるが『海を渡ったサムライたち』（平成二十三年四月、北國新聞社刊）という拙著で紹介を試みたことがある。この拙著をまとめるにあたり、彼らの多くがおそらく西欧での体験談などをまとめ綴った異国での見聞録などがないものかと、気配りをしてきたもののあまり成果を得るに至っていない。今のところ加賀藩関係で現存する異国での体験を交えた見聞録と言えるものは以下の三篇を知るのみである。

一つには、佐野鼎が残した『奉使米行航海日記』（金沢市玉川図書館、近世史料館蔵）である。この史料は、万延元年の遣米使節に加わった佐野鼎が快く参加を許可してくれた時の加賀藩主前田斉泰《なりやす》にその際の体験を見聞録として献上したもので、すでに金沢文化協会により佐野鼎遺稿として翻刻され、日置謙、長田富作共稿の「佐野鼎小伝」を合綴して『万延元年訪米日記』として当協会が昭和二十一年七月に発刊しているにもかかわらず、その後の佐野に関する研究は遅々として進展しなかったように思える。

佐野の事蹟に光があたり始め、同時に『奉使米行航海日記』にも注目が集まるようになったのは、今から約三十年ばかり前の平成期の中頃からで、その後、平成二十七年に佐野鼎研究会が発足し、研究成果が積み上げられ、令和三年十月には佐野鼎に関する幾多の論文と随筆が掲載された『開成学園創立百五十周年記念佐野鼎研究』が同会により発刊された。また、佐野鼎の縁に連なる作家柳原三佳氏によって佐野の生涯を描いた小説『開成をつくった男、佐野鼎』（平成三十年十二月、講談社刊）によって佐野鼎の事蹟と『奉使米行航海日記』は広く知られることになった。

二つには、『伍堂卓爾一世紀事』（旧書名は『一世記事』）、金沢市立玉川図書館近世史料館所蔵加越能文庫所収、一連番号六六六五、請求番号十六・六二―一二六）である。伍堂は加賀藩の重臣本多家の陪臣伍堂家の嫡男として弘化元年（一八四四）四月、城下の小立野に生まれ、藩校明倫堂での学業習得後、江戸、京都、長崎などで学び、蘭医学・オランダ語・フランス語を習得、長崎裁判所の当直医であった明治二年（一八六九）四月、藩命によりヨーロッパに派遣された四名の藩士と合流し吉井保次郎と渡欧（内三人は香港から帰国）、オランダ陸軍一等軍医ピーター・ヤーコブ・アドリアーン・スロイスの招聘の契約を結んだ。本史料は冒頭と末尾に彼の履歴や帰国後の事蹟が記述されているが、大半は「欧州行紀事」という表題でロンドンまでの旅日記風の見聞録と足を運んだヨーロッパ諸国での体験談で構成されている。

この史料については、『加賀藩史料』藩末篇、下巻に内容の一部が引用されており、今井一良「お雇い外国人考（一）」（『石川郷土史学会々誌』第十号、昭和五十二年、十二月刊）なる論考でも一部が引用されている。なお、彼の履歴や業績に関しては『加越能時報』にもいくつかの紹介があり、寺畑喜朔「伍堂卓爾の生涯とその系譜」（『石川郷土史学会々誌』第三十三号、平成十二年、十二月刊）、金谷利勝「加賀藩医師・伍堂卓爾の長崎遊学について」（『同誌』第四十一号、平成二十年、十二月刊）、フラーシャム・N・良子「新史料による陸蒸気器械をめぐる諸動向」（『同誌』第四十三号、平成二十二年、十二月刊）などで伍堂に徐々に光が与えられるようになったと言うものの、それほど注目されてきたとは言い難い。伍堂に関する詳細については本拙著の考察余滴のⅡ「伍堂卓爾に思いを馳せた経緯」を参照していただきたい。

三つには、『仏蘭西遊国日記』（埼玉県さいたま市在住、岡田和恭氏私蔵）である。本史料は、名門パリ・エコール・サントラル（パリ工芸大学）で学び、後に我が国の「マッチ産業の父」と謳われる清水誠が幕末に幕府が設立した横須賀製鉄所に出仕した御雇外国人フランソア・レオンス・ヴェルニーの一時帰国に便乗し、この史料を私蔵される岡田氏のご先祖である岡田雄次郎の嫡男で当時少年であった岡田丈太郎を伴い三人で渡仏、パリ・エコール・サントラル入学前に明治二年（一八六九）八月十七日から三日後の同二十日始まり、同年九月十五日にリヨンから汽車に乗りパリを目指すまでの一カ月足らずのマルセイユやヴェルニーの故郷オーブナーを中心に南仏の地をめぐり西欧文化を満喫した際の日記である。

清水誠については、彼自身の筆になる「履歴書」（金沢工業大学ライブラリーセンター所蔵）があり、金沢市の卯辰山には堂々たる「清水誠先生顕彰碑」もある。また、松本三都正『清水誠先生伝』（清水誠先生顕彰会、昭和四十年刊）、北國新聞社編集局取材班偏『風雪の碑』（北國新聞社、昭和四十三年刊）での紹介、論文も渡仏年代を清水自身が履歴書で誤記述したことなどに言及した「加賀藩海外留学生新考」（『石川郷土史学会々誌』第二十号、昭和六十二年、十二月刊）など多くあるが、この史料に触れた論文は、いまのところ故米田昭二郎「日本マッチ工業の開拓者　清水誠　新史料に基づく業績の再評価」（『日本海域研究』四十二号、平成二十三年三月刊）以外目にしない。この史料が公になった経緯等の詳細については、本拙著の考察余滴のⅦ「『仏蘭西遊国日記』との出会いと岡田家が所蔵する事情」を参照していただきたい。

さて、この三点の史料の内、佐野鼎の『奉使米行航海日記』（『万延元年訪米日記』）は、本拙著の考察余滴のⅠ「佐野鼎研究の経緯と今後の課題」で記述したように現在では比較的知られるようになっているが、『伍堂卓爾一世紀事』と『仏蘭西遊国日記』は、拙著『海を渡ったサムライたち』（北國新聞社、平成二十三年四月刊）、で、紹介したものの、広く知られているとは言い難い。

これら二点の記録は、明治初期の日本人が、一カ月半ばも費やして渡欧し、その際に利用した客船や汽車、立寄った港での様々な体験から、どのような世界観を身につけたかを知りえること、また、マルセイユ到着後に触れた西洋の息吹から何かを得ようと心掛けた気概を知りうる貴重なものであること、全国的に多く存在する当時の見聞録の内容と対比して研究を深める材料となるなどと考え、まずは中学生でも興味を持っていただける読みやすい形で紹介し、原文の翻刻も合わせて紹介することにしたのである。

ただ、『仏蘭西遊国日記』については、同様の紹介をすでに拙著『海を渡ったサムライたち』で付録として掲載済みであるので、二番煎じの誹りは免れないが、しかしながら、発刊後十年以上も経た期間の中で若干訂正や補充したい点もあったこと、伍堂卓爾と清水誠は、ほぼ同じ時期に渡欧しており（伍堂は明治二年五月十四日長崎出港、同七月八日マルセイユ着、清水は同年五月十二日横浜出港、同年七月二日マルセイユ着）その当時、二人が西欧文化に触れ、どのように感じたかを対比することがこの一冊でできるという利便性があると考え、前の紹介方法を今回は『伍堂卓爾一世紀事』」の紹介構成と同様に手直しをして再掲したのである。

考察余滴として、本著に合綴した八篇の短文は、本著を作成する様々な考察過程で私の脳裏に浮かんだ随想めいたこぼれ話しである。Ⅰの「佐野鼎研究の経緯と今後の課題」とⅡの「伍堂卓爾に思いを馳せた経緯」は、本著の出版意図として自身が思い続けてきたことを綴ったものである。また第三から第七の短文は、二つの見聞録を読む作業の過程で、疑問に思いより深い考察によって明らかにすべき事柄であると感じたことを綴ったものである。

このような史料に基づくことのない、多分に仮説めいた所見を述べた程度の文章を掲載したのは、これらの疑問と向き合い、学術的な成果としての研究ノートとして完成させるべきであると思うものの、これを達成するには高齢のうえにそれほど頑健な体力も備わらない身としてははなはだ困難な気がしたため、中間発表として提示すれば、識者から貴重な意見や反論がいただけるのではないかとの思い、また、万が一同じような疑問を持っていられる方がおられた時に何らかの示唆を与えることが出来る点があるのではないかとの思いから掲載することにしたのである。御批判や御助言をいただければ幸いである。

目　次

一　伍堂卓爾の渡欧事情と旅先での出来事

（一）旅立ちまでの生い立ちと上海・香港での出来事

上海でのドイツ人商人の晩餐会と三人の帰国

私は弘化元年（一八四四）四月二日に加賀国金沢の小立野の亀坂(1)で生まれ、その後、嘉永五年（一八五二）九月に竪町に転居し、さらに明治十二年（一八七九）、仙石町(2)に移り住んだ。

幼名は亀太郎であったが、後に晋格と改め、壮年となって知則、通称を春闇と改名し、明治五年（一八七二）五月に卓爾と改名した。ちなみに字名は敬甫、あるいは石潭と名乗った。

金沢藩の年寄職である本多播磨守(3)お抱え医師であった伍堂又晋齋（家録九十石）の嫡男として生まれ、姉は藩臣寺西徳三郎のお抱え医師松田壬作に嫁ぎ、そのほかに弟と妹がいたが二人とも早世した。安政二年（一八五五）四月、晋格と名乗っていた十二歳の頃に、藩立の文学校明倫堂で「四書五経」の全てにわたる読法大試験を受け、及第優等として「小学」

四冊と「大学」三冊を賞与され、安政五年（一八五八）二月、十五歳の時に旧主本多播磨守が江戸勤番となった際に、供奉《ぐぶ》した父である又晋斎に随行して江戸に出府し、本郷の前田邸(4)内で一年間ほど過ごしたが、その時に江戸神田駿河台町に住む医師石川桜所《おうしょ》(5)に入門し、日々前田邸から通学、初めてオランダ語を学んだ。

同六年二月、旧主播磨守が江戸勤番の任務を終え帰国することになり、供奉する父とともに金沢に帰った。文久二年（一八六二）二月、十九歳で医学修業のために京都へ出て京の室町に住む医師新宮凉民《りょうみん》(6)の家に入塾修行したが、この頃に通称を春閣と改名した。同三年六月、二十歳の時に後に徳川将軍となる徳川慶喜が上洛し江戸に御帰りになる際に、彼の奥医師で、後に法印(7)の地位に就いた石川元貞(8)に随従して東海道で江戸に入り、江戸の下谷泉橋通りの幕府が設けた種痘所(9)に入塾して蘭書を学び、元治元年（一八六四）七月に年限が満期となり金沢に帰った。同年十一月、年齢二十一歳の時に、嘉永三年（一八五〇）十二月生れで当時十五歳であった金沢町医師洲崎愿吉の長女錦子と結婚した。

慶応元年（一八六五）五月、加賀藩は、初めて西洋形帆走船啓明丸《けいめいまる》(10)を買い入れたが、同年七月、その船が能登国七尾港から肥前国長崎に廻航することになった時に、藩臣の子弟五十名ばかりの学生を選抜して藩費による洋学修業をさせるため、この船に乗せて長崎に送り込んだ。

当時満二十歳であった私は私費でこの船に同乗することを願って長崎に遊学し、フランス人の語学教師にフランス語を学んだ。同二年、一ヵ月手当金二両で長崎町済美館《せいびかん》(11)のフランス語助教に任命され、同時に前田家からも一ヵ月学費として金五両宛が貸し与えられる貸費生となった。同三年五月、長崎町精得館(12)へ入塾してオランダ人のマンスフェルト(13)という医学教師の教えを受けた。

同四年、すなわち明治元年正月、王政維新の折柄、その病院で組織改革があって医学校を置き病院を医学校に附属することになり、この時に満二十三歳の私は長崎裁判所において、その病院の薬局方の職を命じられ、毎月の手当金として金七両宛下賜されることになったが、同年九月、就業の年限が満期となり金沢に帰藩した。しかし、ほどなく慶応四年(明治元年)九月十五日、旧主である本多播磨守のお抱え医師を命じられ、切米十五俵宛の給与をいただくことになったが、すぐに長崎再遊学が許可され、長崎到着後の同年十月、長崎裁判所の病院当直医を拝命した。一ヵ月の手当金は十五両であった。

同年十二月下旬に子細があって、長崎病院当直医を依願退職して、すぐに長崎から神戸まではアメリカの飛脚便船、神戸から金沢までは陸行し、昼夜兼行して帰藩して、旧主播磨守に上申すべき事柄があり、帰着当日の夜半に近侍頭役の中根義太夫(14)を通して、すぐに内意を伺ったところ、「面会をすることを許す事は敢えて拒むものでは無いけれども、五万石の家中で問題となり、様々な意見が沸騰する恐れがある。そのような事になれば、かえって春閣のためにはならないので、上中の趣意の委細は聞いたので、来春（明治二年）私が長崎に赴き、伍堂の素志を貫徹させるようにするから、すぐに秘かに長崎に帰り、時が来るのを待て」との仁愛深い内命をいただき帰宅し、直ちに旅装して翌日黄昏《たそがれ》に乗じて金沢を出発、陸路で摂津国神戸港まで昼夜兼行した。

この際に、一分銀で長崎から携帯してきた二百両を胴巻に納め携帯していたが、この旅が秘かなものであり、人馬帳を携帯していなかったために徒歩にて金沢を発し、一里（約八キロ）あまり行ったところで携帯金のために一歩も進めなくなり、進退大に窮してゆっくりと恰《あたか》も腹這いをしながら夜半の子刻（深夜）漸《ようや》く金沢から八里（約三十二キロ）先の小松に着いたが、ここで全く動けなくなったので、伝馬問屋の前まで行って藩用急行飛脚の到来を待った。その内に丑刻（午前二時）になって昼夜兼行での藩用の急使がやってきたので、同行させてもらうことを懇願して、摂津国大坂まで昼夜兼行する事ができるという思いもかけない好運を得る事となった。

その後、神戸港に到着したが長崎行のアメリカの飛脚船は前日抜錨《ばつびょう》してしまっていた。当時、飛脚便はアメリカの会社の便が一週に一回あるのみであったから、急行せねばならない旅であったので困り果て、止むを得ずその頃の伊藤博文兵庫裁判所知事に面会し強力に願い出て山陽と西海の両道を経由して長崎に至る昼夜兼行の証明証を受領して、摂津国兵庫から肥前国長崎まで七昼夜かけて到達し、着後直ちに長崎医学校に入塾したが、さらに明治二年（一八六九）二月に長崎裁判所に於いて従来と同じように長崎病院当直医に任命された。

明治二年（一八六九）三月に金沢藩の軍艦奉行岡島喜太郎(15)が藩から命じられ藩士の佐野鼎(16)、関沢孝三郎(17)、吉井保次郎(18)の三人を伴って長崎にやって来た。彼らは藩から命じられたことを達成するために欧州に行くが、私にフランス語の通訳として、彼らに同行して任に当たるよう命じ、私は務めている長崎病院当直医を辞職するよう申しつけられた。岡島は当時の井上馨長崎裁判所知事に辞職を出願し、許可を受けたので、同年四月三日、私ども一行はアメリカのコスタリカ号に乗船して長崎港を出港し、同五日に中国の上海港に到着し、すぐに上陸してフランス人の経営するホテルに投宿した。

　翌日の六日には上海市内をあちこち歩いて見学したが、私の身なりは、頭は日本古風の半髪を結い、服装は羽織袴を着て、腰には大小の刀を差し、足には雪駄《せった》をはいて和傘を携えるというものであった。私は日頃から心がけてきたこの身なりを、これからも変えることなく貫き通す考えであった。しかし、上海市内を見学していた際に、多くの中国人の老若男女の群衆に取り巻かれ、彼等は私の見慣れない身なりを嘲笑し、特に雪駄の裏に打ち付けた鉄の響をしきりにうかがって、ののしる始末であった。そのため、私が貫き通そうと考えていた思いは挫《くじ》けてしまい、髪を散髪し、その髷《まげ》と衣服、大小の刀などを長崎に返送して、洋式の衣類をひと通り買いそろえ着用することにした。同行した他の者たちは、全員最初から洋服を着用していたのである。

　この日の晩にドイツのアデレアン商会の晩餐会に招かれた時、主人のアデレアン氏が上海の新聞に掲載された日本に関する記事を読んだとして、次のように話した。「日本の太政官紙幣[19]は非常に価格を下げ、百両がほとんどメキシコ弗[20]五枚の値に下落している」と。

岡島と佐野の両人は大いに驚愕し、藩政を大いに切実に憂いて、このヨーロッパ行を中止すべきであるとの思いでホテルに帰ったらしく、その後たびたび会議を開いたものの、中止するとの意見はまとまらず、上海では同行する五人のフランスのマルセイユ港までの便船切符を買い求めたのであった。

翌七日は馬車で市街を見学したが、数里離れた所にある呉孫権(21)の古墳墓を見学した。同夜には中国の劇場に入場して観劇したが頗《すこぶ》る興味深かった。翌八日には五人はイギリスの飛脚船で上海港を抜錨して香港に向った。この飛脚船はイギリスのピアノー会社の船で、我々はこの飛脚船でフランスのマルセイユ港まで行くことにしたのである。その後の海上六日間は風波が強く、船は甚だしく揺れ、同月十三日に香港に到着し投錨、直ちに上陸してフランス人が経営する大きなホテルに投宿した。翌十四と十五の両日間滞在しこの都市の内外を見学したが、岡島ら藩政を憂うる情が切実になり、ついにヨーロッパ行を中止し帰国することに一決し、私と吉井保次郎の両人のみを派遣して、藩の命令を全うするべきであると議決したのである。

その命じられた藩の命令とは「昨年の慶応四年（明治元年＝一八六八）十二月に、藩の軍艦奉行稲葉助五郎[22]が大望を企て、神戸清右衛門[23]、不破與四郎[24]、黒川誠一郎[25]、馬嶋《まじま》健吉[26]の四名を引率してイギリスのロンドンに赴いたのであるが、この行いは藩命によるものではなく、自身で軍艦および兵器を買い入れ、理化・器械・鉱山・医学等の教師を雇い入れ、且つ引率の学生四人をロンドンに留学させたいとの届出をしたが、藩の許可を待たないで出港したのであった。

金沢の藩政ではこのような計画の一つたりとも認可すべきとの勢力が無かったので、それ故、お前たちはイギリスに行って稲葉助五郎に面会して計画をどのような事があっても諫《いさ》めて、藩命として停止させるように。万一、既に計画した事業を少しばかり着手していたならば、若干の償金を支払うことはかまわない。その上、引率の四人の学生は全て帰国させよ、その準備金として金二万弗の為替証書を渡す」というものであった。

私は、この見解に対して次のように答えた。「このような事のみの使者としてヨーロッパに趣くのは、得ることの甚だ少ない行いである。医学教師を一名雇い入れる事を認可するのであれば承諾する」との考えを頑《かたく》なに主張した。岡島氏は熟考した後にこれを認可したので、私と吉井の両人は承諾し、それ故、岡島・佐野・関沢の三氏は香港より帰国し、私と吉井の両人はこの藩命を携えて四月十六日午前九時、香港を去るために飛脚船に乗船することになったのであった。

この時、見送るために岸のほとりに居たのは岡島と佐野の両氏で、私と吉井の両人は二人に告別して波止場と本船を行き来する艀舟《はしけぶね》を雇って飛脚船に移った。関沢氏は本船まで二人に同行し船の甲板上に来て三名で一、二時間会話したのであるが、漸《ようや》く抜錨の時が来たので、彼は艀舟に乗り移って陸に帰った。私は国内に在る時は、少年であった十五歳の時から父母の故郷を去って、しばしば国内の諸国に遊学し、旅行慣れをし、したがって離別の情に出くわすことも多かったものの、この時の関沢氏に対する惜別の情は未曽有の最も切なるものがあった。彼は陸に到着するまでは艀舟の上に立ち、私は本船の甲板上に立って見つめ合っている間、双方で互いに呼び合い、あるいは頸《くび》を伸ばし、あるいは手を挙げ、あるいは帽子を取って振り回し、別れを惜しみ続けていたが、遂に朦朧《もうろう》としてすがたが見えなくなった。時鐘は十二時を告げ、抜錨の鈴を鳴らし、黒煙と共に錨を巻き、船は西南方赤道直下を目指して進んだ。

これまで我が国の諸大名の家臣たちでヨーロッパに旅行する者がいても、多くは祖国に帰るヨーロッパ人を頼りとして、彼らに何事も委任して行くというのが一般的であったが、自分たちの今回の旅は、両人ともほんの少し英語やフランス語の初歩を学んだ程度で、そのうえ地理や人情に疎《うと》く、多くの外国人と交わったり、自分たちの行き先を他人と話し合う能力は無く、ただ一つの旅行切符で行き先を他人に示し、地図が示す方向を見て船の進む方位を察知するのみであった。

（二）シンガポールからスリランカまでの旅の出来事

言葉不通の苦痛を忘却させたジャワ人との出会い

この旅は我が国の諺《ことわざ》にある「盲目の旅行」よりも災難が遥かに勝り、香港を離れて以降、南シナ海では四方を見渡しても一点の陸地も見ることのない状況で、船は大いに震動し、この海上は常に風波が強く、船の動激が甚だしい地域であると言われている。昼も夜も烈《はげ》しい波が甲板を跨《また》ぎ、海路を一四三七里航行すること七日間にして、四月二十三日にインドシナの一つの島に到着し、船は岸辺の石炭蔵の前に仮の碇泊をした。この辺りは小島が点々と散立して数隻の蒸気船が碇泊し、今日入るものあれば、明日出るものあり、炎熱甚だしく、熱さは骨髄を貫くほどであった。アジア州のアラビアとアフリカ州の間にある紅海に入るまでは春夏秋冬の区分は無く、常に厳暑であるという。この辺りは赤道直下であるから当然の事であるともいう。

この島はイギリスが領有し、シンガポール(27)という。人々の肌は黒く、いわゆる黒人に類する。樹木は青々として椰子や芭蕉の類が多く、胡瓜《きゅうり》・茄子《なす》・西瓜・椰子実・芭蕉実・橙《だい》実《だい》・蜜柑《みかん》の類が多くある、又「パイナップル」という松の実のような形で大きさや風味が我が国の甜瓜《まくわうり》(28)に類似するものがあり、すこぶる美味である。船が入港すればこれ等の食べ物や小猿・鸚鵡《おうむ》などの鳥獣を提《さ》げて艀舟に乗って現地人が蒸気船の船腹に群集して旅客を呼んで強売《しいうり》をする。商人は甚だ下賤である。また、数十の肌の黒い童《わらべ》が船腹に群集して客を呼んで貨幣を海中に投げ込むことを請い、その声は実に騒がしく、私は試しに小銀貨を投げたところ、数人のこどもが一斉に深く海底に潜り、これを取り得た者は私に向かって深々と感謝した。その風姿は恰《あたか》も鵜《う》のようであった。

また、この島には虎《とら》・大蛇・野猪《のじし》の類《たぐい》が多く、虎はしばしば人を害することがあるという。私は上陸し、港の辺りを徘徊した時に、大きな二つのドックを見た。一つは工事半ばで、この島にはドックは五ヵ所にあるとのことであった。馬車を雇ってしばらく行くと市街に到着するが、住民はおおよそ六万人で、半分は中国人、半分は土着民であるとのこと。市中では二、三の大きな鉄橋を見た。非常に繁華の土地柄であるが、しかしながら土着民は甚だ醜形で、全身の皮膚は黒色で頭上に紅白の木綿の長いものを巻き、胴体には広い一つの布片を懸け、腰にも布片をまとって、裸足で歩行していた。

このような人柄・風俗の土地柄とはいうものの、久しくイギリスに奪掠《だつりゃく》され同国の支配下に置かれていることで、土着民の教育や軍備等は殆ど備わっているようである。キリスト教の教会があり、土着民が聖殿に充ちて説教を聴き、学校があって色黒の童たちが数百人集って級を別けてヨーロッパ人の教師の教えを受けるという。病院があり患者が多く入院している。兵卒の屯営があり、たまたま市中の街路を行軍する軍隊を見たが、その服装や姿勢は我が国のように様々な小銃を携え、思いのままの着装をするような類ではなく、統一されている。この兵はアジア洲の非常事態に備えるものだという。馬車で市内を巡視し、更に海浜に出ると、広大な空地を設けて、周囲に太くて短い石柱を連ねて配置し、鉄の鎖でこれを繋ぎ、内部は一面に芝草が繁生している。この空地の周辺は遊歩場であり、この空地は遊園地なのである。

欧米諸国の人々でシンガポールに移住する者は数百名。夫婦、親子、兄弟姉妹、あるいは朋友などを伴なって馬車に乗り、或は馬に跨《またが》ってこの遊歩場で納涼する。その往復は広大であるので徒歩での往復は困難である。黄昏時になり馬車に乗って本船に帰った。この地からヨーロッパに赴く男女老少の旅客数十名が増加した。貨物や石炭等を積み終わりこの島に二十四時間碇泊して四月二十四日午後四時に抜錨した。

船は進み、マラッカ海峡に入り右側は山、左側は断崖が続いた。海上三八一里、四月二十五日午前六時ころに海峡中にあるベナン(29)という小島に到着し碇泊した。この島もイギリスの領地で数個の汽船が碇泊していた。気候・産物・人質等はシンガポールと同じである。午前九時、自分たち二人は上陸し、馬車を雇って市中市外を巡覧した。市中には所々に短い鉄柱を立て設けて螺子《ねじ》を付けて用水を導いている。市街から凡そ五里を隔てる所に行くと、蒼々たる幽谷があり滝がある。涼気は炎熱を冷やし、大いに倦怠を回復した。泉下に分厚い鉄管を埋めて山腹を斜めに下してこれを市街に引くが、これはすなわち市中に用水を導くものである。土着民の性質は最も酷悪で、ヨーロッパ諸国の人は大いに土着民の悪性であることを嫌忌《けんき》する。正午に本船に帰ったが、このベナンでの逸話を記すことにする。

先刻、艀舟を雇って上陸する時に、私は舟賃を払おうとした。舟主は金額が不足であるとして切実に過金を要求したので、帰りに支払うと言ってその場を去り、馬車に乗った。舟主は追いかけて来ると馬車の前に立って馬車の進路をふさいだ。馬車は進むことが出来ず、言葉が通ぜず説明しても叱咤《しった》しても理解し合うことが出来ず、彼等の言うことも吾等には理解が出来ず、ただ、双方喧嘩するのみで進退どうにも埒があかず、私と吉井の両人は大いに困り果てた。

そこへ一人のフランス人が来て、喧嘩の理由を問うた。その理由を私は告げた。彼は舟主らを叱咤して追い払った。馬車が進むことが出来ることになった。帰る時に先ほどの舟主らが岸辺に居て、私らを艀舟に導いた。舟賃を尋ねると往復の賃金として洋銀四枚を求めてきた。私はとても腹が立って、上陸時の舟賃の不足分として元銀の四分の一片を支払い、外の艀舟を雇って去ろうとした。前の舟主らは棹を振り上げて私の背中を打った。

私は穏やかにつぶやきながら艀舟に乗って本船に帰った。この途中で吉井氏が私に向かって「岸頭で預かった小金を返す」と言った。私は思い当たる事が無かったので「私はそのようなものを貴方に託したことが無い」と答えた。しかし、吉井氏が言うには「岸頭であなたはこれを私の掌に与えた。私はその意味が解らないままにこれを預かっていたが、今これを貴方に返す」と言うのである。それで私は先に元銀四分の一片を舟主の手に与えたと心得たのは、吉井氏の手に渡したもので吉井氏もその意味を知らなかったと初めて悟った。そこで私と吉井氏の両人は掌を叩いて大笑した。「東海道中膝栗毛」の主人公である弥次・喜多のごとき失敗談の一つと言うべきであろう。

同日の四月二十五日午後一時に抜錨してこの島から離れ、マラッカ海峡を通過してインド洋に出れば四方に陸地を目撃する事は無く、風波が強いのは従前と同じであった。海上一二一三里の六日間の航海の後、五月朔日午後二時にインド亜大陸に属するスリランカのゴール(30)港に到着した。この地もイギリスの支配にあり、岸辺には小高い盛り土の上に大砲を備える炮墪《ほうとん》があり、又、大きな街門があり、門側に兵卒の守衛所があり、汽船が十余艘碇泊していた。私がこの旅で便船したピアノー社の大きな船五艘が同旗を翻してここに碇泊していた。これは皆、毎日アジア州の諸港やオーストラリア州の諸港に往復して、旅客や貨物の運輸の便をはかるものである。この島辺りには港が数ヵ所あるという。

私と吉井氏の両人はジャワ(31)人二人と共に上陸してホテルに入った。ジャワはオランダの属国で、現地人は会話でオランダ語を使う者が多く、この二人もオランダ語を話した。その内の一人はフランス語に精通していた。私がこの旅でイギリス船を利用したために、旅客の殆どがイギリス人で、ドイツ人やフランス人らが混在しているものの、悉《ことごと》く英語を利用するために言語が通ぜず、多くの旅客から大いに軽蔑されているような感じであった。しかしながら、日本人が外国人を軽蔑するのに比べれば非常に軽いもので、天地のような隔たりがあるように思えた。

世界中の人々は全て同胞であるとの意識に富み、懇親の情もまた感謝すべきことが多い。軽蔑されていると感じるのは、言語が通じないためにあて推量をして慣れ親しまないで心を煩わす事が多いからと思われる。然るにこのジャワ人は、シンガポールよりヨーロッパに旅行するものにして、幸にオランダ語とフランス語をわきまえ、日夜彼らと談話した。それのみならず、医学生であるから常に医談や雑話を交わしたので、これによって旅情熱苦を忘却する助けとなった。

ゴール港での滞在は三日間。この島には米穀が繁生し、年間二度の収穫があるという。また、香木のニッキ(32)の枝が産物として一番有名で、この島を桂枝島ともいう。象や獣が多く現存することから、現地人が象牙の細工物やそのほか亀甲、金銀、玉類など諸種の細工物を見せびらかし商いをして、旅客に対して押し売りすることは言語道断の振る舞いである。日本の寺院で釈迦の御舎利と称して僧侶が宝蔵するのは、この島から産出した麗石であると聞いた。

釈迦はこの島で誕生したとして島人は皆深く仏教を信仰する。市外に行くと大昔釈迦が存在したと称する寺院があるというので馬車に乗って出向くと、釈迦の墳墓があった。現地人がその周囲に群衆して終日読経し踊舞していた。守り寺の僧侶が、私共が日本人であることを知って傍《そば》に来て次のように言った。「貴国は同じ仲間である宗教に帰依している故に愛情深し」と。私と吉井氏の両人を僧侶の部屋に案内した。僧侶の容貌は恰《あたか》も我が国の禅僧に似ていた。しかしながら、裸体に衣をまとって裸足で歩いていた、その上黒人で、すこぶる醜形であった。英語をわきまえ、座右にはイギリスの書物が積み上げられていた。時代の変化を認識すべきである。

　この島にアダムという高山(33)があった。釈迦がこの山にあって法を説いて、遂に昇天され、今なお足跡が残っているという。現地人の物語である。ああ、私が今日この地に来るとは実に思いもよらぬことで、夢ではなかろうかとの心地である。この地の現地人も全身が黒く、眼光と歯がてり輝くのみで、過半は剃髪にしており、服装など殆どはシンガポールに同じく、髪のある者は長髪にしており、髪の全てを一束に結って、男女の区別をするのは殆ど困難である。容貌はあたかも仏像に似ており、それ故に我が国の五百羅漢の堂内(34)に入ったような心地がした。この地はことに椰子の樹が繁殖し、路傍は森林となって日光を遮り松竹の類《たぐい》は一向に目にすることはない。

(三) 紅海を経てアレキサンドリアからマルセイユへ

甲板での極楽浄土体験と蒸気車のスピードに驚く

五月四日、アジア洲とアフリカ洲の境界にあるスエズ(35)港に向かった。飛脚船はインドのコルカタ(36)から来たとのことであった。そこでその船に当たって部屋を予約してホテルに帰った。翌五日午後五時に乗船したが、旅客はおおよそ三百人ほどであった。日本からヨーロッパにわたるまでの間で、スリランカ島からアフリカのアレクサンドリア(37)港に到着するまでの間は常に旅客が最も多いということであった。これはアジア諸国の我が国や、中国、インドなどの諸港やオーストラリア州諸港にいるヨーロッパ諸国の人々が本国に帰省する移住者や、また以上の諸港から欧州に出向く現地人が全てこの港に集まるからである。

日本よりヨーロッパに旅する者は極めて稀であり、インドのコルカタおよびオーストラリア州の諸港からヨーロッパに旅する者が毎便最も多いという。それ故、ピアノ―会社の飛脚船は数艘絶えずこの間を往復しているという。思うにこれらの地はきっと有益な地なのであろう。ことにオーストラリアには金坑があり、この地に行けば大いに利益を得る者が多いという。一八六八年中にオーストラリアにおいて製造した金貨は一六シリングポンドであるという。

五月六日にゴール港を抜錨し、なおもインド洋を西方に向けて進んだ。この海上は常に風波が最も劇甚であり、巨大な波が日夜甲板を乗り越え、船の震動が劇甚であるのは以前の航海路よりも一層強く、旅客には食事のテーブルに付かない者が多く、日夜室内に居て船心病に苦しんでいた。私は幸いに船心病にならず、それ故に一度もテーブルに着かないようなことは無かった。海上二一三〇余里、航海十一日間にして五月十六日午後四時にアジア洲であるアラビアの地にあるアデン(38)港に到着した。

この港は紅海の入口にあって石山で非常に険しく草木が全く生えず、実に不毛の地である。商売も繁昌せず、ただ航海船が石炭の積み入れのために入港するだけであるという。この地もイギリスの支配を受け、住人はおおよそ一万余あるという。皮膚の色は黒く、気候も前と同じで、炎熱ことに酷烈で中国の香港から南方に向かって赤道に近接し、シンガポールからこのアデン港までは赤道寄りに二、三度ないし十度北方に寄る所であるので、四季の別は無く、炎熱は常に我が国の盛夏の時期よりも一層酷烈で、旅客が常につらく苦しむ所であるが、この間は熱帯地方であるので当然の事であろう。この港には様々な種類の鳥類が多く、ことに大きな鳥が生存するといわれ、その卵はおよそ縦五寸、横三寸(39)で我が国の甜瓜《まくわうり》の大きさに等しいものも見られる。

現地人は様々な美麗なる羽翼を見せびらかして商売し、旅客にはこれを買う者が多い。現地人が駱駝《らくだ》を使用することは、我が国で牛馬を使うと同様である。船は石炭を積み終わり、同日午後十一時に抜錨して紅海に入った。これより内海となり右はアジア州のアラビア地方、左はアフリカ洲の地方でこの間が即ち紅海である。インド洋に比較すれば赤道より北方に寄ること二十度なので炎熱もしたがって減却する理屈であり、左右の陸地は数百里の砂漠であるから、日光を遮るべき物は無く、その熱砂の原野から熱風が吹き来るので、かえって熱帯地方よりも炎熱厳酷の感がある。熱は骨髄に沁《し》み、知らず知らずに涎《よだれ》を流す始末である。

しかしながら、海上が穏かであるために、数百の旅客はみんな部屋に入ることなく、甲板上に立って酷暑に苦悶する。然るに温度は九十六度（摂氏約三五・五度）を示し、たまたま両岸の砂山の最近部を航進する時に甲板に立って温度を調べると、たちまち百三度（摂氏約三九・四度）に昇る。風に向かって呼吸をすれば、今にも窒息しそうである。日本からインド海を渡り欧州に旅行する途中、多くの人が最も熱苦に悩む箇所であるという。この時、我が国は五月中旬であり、西暦の七月上旬である。

しかしながら、海上は平穏で船は畳の上にある如くで、旅客中の令婦令嬢はおのおの美装を競い、毎夜甲板上で時には歌い、時には楽器を奏で、時には舞って納涼する。男子もまたこれに同調する者がいる。歌声やメロディーは極めて美麗で、甲板上は数十個の電灯で照らされ、旅客は勿論のこと乗組の諸役人もことごとく集って歌舞音曲を賞賛し一曲終われば一斉に拍手をして、その美しい調べをほめたたえる。この有様を見たならば貴婦人の容貌といい、歌舞音曲といい、われわれ日本人にとっては、実に極楽世界とはこのようなものであろうかとの感覚であった。そのために人々のなかには、熱苦を忘れ、知らず知らずに真夜中になってしまい、遂にはうつろになり椅子に座ったまま眠ってしまう者も多い。

海路一三〇八里、航海六日間にして五月二十二日の午後一時にアジア州のアラビアの地にあるスエズ港に到着し、岸から二里余離れたところにて投錨した。少しばかりの時を経て小汽船が二艘来て、旅客を迎えて上陸させた。それぞれホテルに入り、飲酒する者、食卓に着く者、果実を食べる者がいて、ひと時休憩して汽車の到着を待った。私は市内を巡覧したがこの地もまた草木が生えておらず、人家は皆泥土《でいど》で築造していた。その不潔は見るに忍びなかった。この地はもとアジア洲のアラビアの土地であったが、今ではアフリカ洲のエジプトに奪掠されてその支配を受けていると言う。エジプトの軍隊が砂漠に数十のテントを張って野営をしている者を見た。

この港はエジプト南岸の港であるという。この時は西暦一八六九年で、スエズからアレクサンドリアに至る間、即ち、紅海から地中海に通ずるスエズ運河は当時工事中であったので、私は今回、汽車便を利用した。黄昏になって汽車が来着し、貨物や旅客を積み終り鈴声（ベルの音）と共に汽車は発動しエジプトの北岸アレクサンドリアを目指して進行した。陸地凡そ三百里、この地方は不毛の地であり飲用水に乏しく水は貴重で値段が高く、乗車する者は皆素焼の水壜を買い、一壜は凡そ四合(40)を満し、その値段はおよそ銀四分の一で、実に高価で驚くべきことである。

スエズからアレクサンドリアに至る中程にカイロ(41)という一都府がある。即ちエジプトの首都で世に高名なピラミッドという石塔があり、その高さは四十丈（約一二〇メートル）、幅は六十丈（約一八〇メートル）ある。四千年前の築造であるという、往古の国王の墳墓で、いわゆるピラミッド形の起源である。私は一夜の間は汽車中あり、この間に汽車がこの地方を通過したため、ピラミッドを見る事が出来なかった。この地方は雨が降ることは極めて稀であり実に熱国である。車内にいて路傍を見渡すと、果てしなく広い砂漠の平原が幾百里あるのかわからない程である。草木を目撃することなく実に不毛の地である。路傍の田舎屋は泥土のうず高い小丘で、空洞を掘り開いて住居とする。とりわけ不潔を極め、駱駝《らくだ》、牛馬、犬、羊が路傍を往来する。風が烈しく砂塵が五体を覆い、目を開くことが出来ないので塵を避けるための眼鏡を用いざるを得ない。

私は生まれて初めて汽車に乗り、そのスピードの速さに驚き恐れた。汽車の前方で直接に目撃する物は全て長形に見え、それが正形に見えることは無い感じである。わずか十一時間で三百里程を通過し、翌二十三日午前八時にアレクサンドリア停車場に到着した。汽車の扉を開けばホテルのボーイが多く群集して旅客を引き寄せようと競争する。その雑踏の間、私たちはいつの間にか知らないうちに馬車に乗りホテルに投宿した。

ここアレクサンドリアはエジプトの支配下にあり、一都会を形成し最も繁華の地である。広大なる遊園があり、数個の池を掘り開いて冷たい泉の水が池に湧き出している。しかしながら風が烈しく泥塵を吹き上げ被服や帽上にわずかに積り、実に不潔と言うべきである。翌二十四日午前九時、同行の旅客数百人が港より小汽船に乗り飛脚船に移った。この港より地中海を通過しジブラルタル海峡(42)を経て海上直ちにイギリスのサウサンプトン(43)港に趣《おもむ》く者と、フランスのマルセイユ港に趣く者と二手に分かれ、それぞれの飛脚船に移ったが、我々はマルセイユ港に趣く飛脚船に乗った。

幾百の旅客のうちで、前者のイギリスに向かう者は僅かに二、三十名に過ぎなかった。この港を抜錨するや地中海を進航するのであるが、私が甲板上に立って港内を見渡すと、マストが林立してヨーロッパ諸国およびアフリカ、アジア諸国の国旗が風にひるがえり、数多くの高閣が岸頭に連なり、砲撃に備える盛り土や城壁、また、岸辺に設けた要害は極めて厳重である。

市街を去ること二里(約八キロ)あまりの岸辺に宏大な一つの立派な邸宅があり、石を以て築造し、殊に貴威の風があり、これを傍《かたわら》の人に問うたところ、その人が答えて言うには、「国王の貴女は悉くこの邸に集められ、これまで結婚を許さず、男子禁制とされている。誤って一人の男がこの邸内に入れば忽ち捕えられて戮殺される」という。おそらく、我が国における尼寺の類であろうか。

船はしだいにこの港を遠ざかりフランスのマルセイユ港に向って進む。海上は内海でありヨーロッパ、アジア、アフリカの三大洲の中間に位置するため、地中海なる名称である。赤道より北方に寄ること三十五度ないし四十度の方位に当たるので炎暑は大いに減少し、中国の香港以来、初めて涼気で熱苦を一掃し、体調もよく、のどかで疲れによるだるさもにわかに癒えてきた、その上、波浪が穏かであるので、船は平穏に進み、海上一四一〇里、五月二十九日午前十一時、フランスのマルセイユ港に投錨し上陸した。即ち初めてヨーロッパ洲に到着したのである。

この港内には数十の小島が聳え立ち、島の頂上にはそれぞれ倔強な炮塁が築かれ、陸地には岸辺に石造りの宏大な長塀が連らなり、要害は非常に厳重である。港内に碇泊の帆船や汽船は非常に多く数え尽し難く、昨日入るものあり、今日出るものあり、皆岸辺に連々と仮碇泊して、艀舟《はしけぶね》を用いないで、多くの物貨や旅客を積みおろしている。私共両人は上陸しホテルに入った。市街は極めて繁華で、四方、上下仰ぎ俯《うつむ》き見れば優れて巧妙な出来栄えで尽くされており、一々弁《わきま》えることが出来ない。ひたすら一つの新世界に生まれたような心地で驚愕するのみであった。

（四）長旅で疲労困憊、熟睡して見た長夢の語るもの

正しい西欧化と大和魂、和魂洋才の問題点

四月三日、我が国の長崎を去って本日、即ち五月二十九日、この港に到着した。通計五十七日間がおそらく経過したはずだ。地球の三大洲の海路九二九三キロメートル、陸地三〇〇キロメートル、合せて九五九三キロメートル、長途の旅行で疲労を極め、かつ、今初めて宿願の地に達して、いささか安心し、ホテルに入るや、直ちに寝床に入って熟睡し長夢に入った。次にその夢物語を記す。

山中を気の向くままに歩き楽しんでいると、山腹の渓流の辺りに白髪の一人の翁《おきな》が茅《かや》に座って釣をしているのが見えたので、そこに進んで傍に至った。翁が振り向き「汝は何処から来たのか」とたずねたので、私は「アジアの日本人で、初めてヨーロッパに渡航する者です」と答えた。すると翁が「汝は万里の波濤を渡ってここに来る途中で、観て感じたことを語れ」といった。

私は「中国の上海港からこの地に至るまで寄港した各地を巡覧するに、悉《ことごと》くイギリスの領地である、海陸の兵備があり、要害堅固で市内には提銃の守衛卒を配置し、ふいの暴漢を警備する、囚人たちは鉄の鎖で腰を繋がれ監守は彼らにくっついて石工・土工・木工運搬の分業に就かせ、その他、道路、河川、用水路は土工に塵芥を掃除させて、至る所すこぶる清潔である。

土地の大小に応じて学校・寺院・病院・郵便局・電信局・新聞局・瓦斯《ガス》局などの設《しつらえ》があり、男女老少を普《あまね》く教育し病難を救い、遠近の地方を問わず物資、旅客、通信の便益を図り、急事があれば百千里を隔てると言えども瞬間に通信し、新聞紙は過去、現在、未来の雑事を記して社会を教化し諫め、不正を懲らしめ、政治談議、学説、技芸、各国の事情、各分野の多くの人たちの発明の物件等などを日々紙上に刊行して普く社会に知らせ、あるいは教え導く。夜間に道路通行の人は常夜街燈があって提灯《ちょうちん》を必要としない。ガスを人家に導いて油燈を用いない。以上の事業の多くは会社法によって国土、市街、人民の警衛および施政は各政府の管轄する所で、上下協力してあまねく社会に自由を布き、自ら人智、学識が進歩して、日々、物事の道理が次第に開けて商法の道がしたがって繁昌する。

現地人は乞食のような者まで能く英語を理解する。これは全て教育風俗のなせるわざであって、実に見事なことと言うべきである。なお、私がこれまで筆記してきた旅行記録がある。出来れば、これを読んでいただきたい」と述べた。

翁はこの記録を採って少しばかりの時間で読み終えて「日本人には大和魂と称するものがあると聞いたことがあるが、それはどのようなものか」と私に尋ねたので、私は次のように述べた。

翁は既に年齢を重ねていられるのに、どうして未だに子供じみたことから脱せられないのか。日本人もまた人間である。世界各国その島その国を異にするといえども、どうして社会に対処する主義を異にしえるであろうか。天下は皆同胞である。そもそも天の神は億兆の人獣、事物を地球上に生じさせ、その生ある物には神霊の活気を付与して、生まれ育ち成長して成し遂げる道を授けるものである。

とりわけ人間はこの天の意志を戴いて士農工商技芸の分をなして、各々その分によって生まれ育ち成長して成し遂げる道をつとめ、天から与えられた大きなご恩に報いるべきものである。即ち、士は官吏となり政権を握り国土人事を整え治める。これによって庶民は各々専業に従事して安穏生育することを得るであろう、これ即ち天理に依って天神に報いる道を務めるものとする。このように説明してみれば、国士は社会の天の意志であって、とりわけ皇士あるいは王士と言うべきではない。即ち、民士である。王皇もまた人民の一人であり社会を整え治める者の一人と言うべきである。

であるから、即ち貴賤強弱貧富智愚皆天民であって相共に共同親和して常に天道に熱心に勉励して天神に報いるべきである。どうして敢えて貴は賤に誇り、富は貧に驕り、強は弱を卑しみ、智は愚を侮るべきであろうか。しかしながら、昔から今に至るまで、この正道に返逆するような風俗が天地間に流行して、各々天神の意志に逆戻りして、逆にここに安住している。天神がどうして痛哭《つうこく》しないことがあろうか。

現在、欧米諸国には博識、鋭智、卓見の者たちが群出して、古を改め日々新しくする物の道理を究め、天が与えた霊機を活用する道に長じ、万国の庶民は皆この長所を学んで、よって博学聡明となり進化すべきは、天神に報いる人が行なうべき大事な道である。そもそも、地球上の各島、各国は言語・文字・風俗・制度を異にしているのは、協同、親和、事物改進を導くために最も困難なことがらである。あまねく覆っている天神の下では、言語・文字・風俗・制度を一つにして、各々長所をもって専科とし、あまねくこれを他人に分け与えて、日々新たになるそれぞれの物事の本質を突き詰めて知識を深める道を世界中に普及させることは、目下の社会の急務とするところである。

そもそも、中国の文字制度だけを用いる人類なお今もって多い。我日本国も専らこの制度に依っている。この制度は現在、社会の進む方向として有害無益である。たんに彼地の風俗事情を知るがためにいささか研究して睡眠を慰めることの敢えて妨げにはならないと言えども、かりそめにもこれにとらわれてはならない。古を改め日々新しくする物の道理に精通し、天が与えた霊機を活用する道に入らんとする時は、必ず欧米の言語文字を修めて社会一般の文字通語とするは目下の急務である。これらの事は既に着眼する者がしばしばあることであり、どうして私の言を待つまでもない。

そもそも欧米諸国の言語文字においては、広く天下に普及するものを尊ぶ。現在、イギリスの言語文字は最も広く天下に普及している。故にこの国語文字を以て万国通用の言語文字とすることが最も合理的な方法であろう。私には日本人が天の道理である道を知り改進せしめようとするための説がある。篤とこれを聞いて然る後に教訓をいただくことを請う。

そもそも日本人民をして言語文字をイギリス風に変更させるためには、（第一）国有の国語は古来の文字を廃してローマ字を以て在来の国語を横書きの文字に変体すべし。（第二）国内各地では大小に応じて各村落に相当の幼稚院を設け、各院には日本人の英語に通ずる者を若干名置いて院父となし、英国の婦人を若干名置いてこれを院母とする。また、数多の未開の原住民の少女を置いて子守とする。院児の多少によって職員の数を定める。やや大きい町村には、その位置を斟酌して、これに加えて小学校を若干設置して、相当するイギリス人の教師を配置する。このようにして全国各藩の適当の位置に中学校を設置してイギリス人教師を配置する。大都府には大学校を設置して各国の専門の特異な技能を有する著名な教師を配置する。（第三）日本全国の僻地村落に至るまで、家庭において一児誕生する時は、男女に関係なく貴賤貧富を問わず、ことごとく、実父母から離してその子供を各地の幼稚院に移し、牛乳を以て養育し、院父母は相当に乳児を養育して日本古来の改正言語および英国の言語を以て朝夕教訓する。このようにして院児が七歳になれば幼稚院から小学校に移し、習字・語学・読書・文法・作文・画学・唱歌・数学・地理・修身・歴史の初歩を教育し、十五歳迄に卒業すれば小学校を去って中学校に移し、高等の学科を授けて中学卒業の後、専門大学校に移し、政治・兵法・測量・航海・文学・工学・理化学・医学・鉱物・器械・商法等のそれぞれが好む諸学所で教授する。

現在、アジア州でローマ字および英語を用いない地方は中国内地を除く外かはなはだ少ない。近来、キリスト教も侵襲蔓延している。なお中国の文字、制度、風俗を専ら用いるのは日本と朝鮮である。それ故に人民は無知で愚かで進歩する物の理に疎く精神が頑《かたく》なで各国に繋がりあうことが出来ず、同一の地球上にある天民にして現在の如く欧米諸国の侮辱を受け、国家は日々に衰微に傾くのは遠いことではない。

しかしながら教えもしない民に急にこの事をせめるならば、却って人心は乱れ、国家の命脈を短縮する。故に我日本国の人民は大改革の制度内に生活させて、徐々に言語・文字・風俗・制度を一変し、それにより智識を磨き、天與の霊機活用の理を知り、天の神に報いるべき天地の道理としての道を知らしめることが目下の急務であり、一時もゆるがせにすべきではない。

かくの如くすれば、自ら人民は改進して、国家は富強して各国と繋がりあい、天民の天民たる本文を失うことがないことに至るであろう。根本を立て道は成る。何ぞ姑息の制度を用いるべきであろうか。泉源のない河流は忽ち涸れ、無根の樹木は直に枯れる。ああ、今日私もまた同一日本人中の一人なり。身は一書生、卑しく、権力なく、財力なく、権力者に説いてこの大改革を行なおうと欲するも、学識、智力共に乏しくこれに当たるべき資質や才能を持ち合わせない。これを考えれば如何とも処する所を知らない。ただ天地に俯《うつむ》き仰いで泣き叫び煩悶《はんもん》し、ひれ伏して一身をさしおく所を知らない。以上の所説は吾が地球上に生存する天民たる者の、天に報いる心であり、また日本の大和魂と称するものはこの事である。

翁は笑って私に言った。「君は未だ子供じみたことから脱却していない。僅かに地球上の一部分を観過して、それを以て天下観徹したかのように、根拠のない説を吐露している。君は時勢と人和とを知らず、深く憂慮すべきである。君は将に人民の難儀を救い、民を治め天に報いる志を抱くのであれば、先ず欧州諸国に入って各国の制度・歴史を観察し、博学の大家に就いて君の技芸と肝っ玉を錬磨しなさい。然る後に再会を期しなさい」と言い終わるや釣竿を河流に投げ打って飛んでこれに乗って流れに従って去り、その行く所を知らず。時に時鐘が耳を破り、長夢を驚かし、疲れた眠りからようやく覚めた。この時、まさに明治二年六月一日正午にして、フランスのマルセイユ市のホテル窓下の寝床に居たのである。

マルセイユ港に着し床についた五月二十九日は、五月が小の月で晦日なので、目覚めたのは六月朔日となり、マルセイユ滞在は一日だけであった。六月二日午前一番列車でマルセイユを発車し、リヨン市(44)を経て同夜九時頃にパリに到着した。ホテルの従業員が多く馬車を率いて客を迎え、これに乗ってパリのグランドホテルに投宿した。滞在は三日間、黒川誠一郎に面会して市内を巡覧した。

私がこの地に到着したのは、二、三日前にナポレオン三世(45)が車上で二回目の狙撃をされた頃であった。イギリスのロンドンに滞在していた稲葉助五郎のもとに行くために、六月六日午前の二番汽車で、ロンドンに向かい旅立ちし、夜になってロンドンに到着し、チャリングクロスホテルに投宿した。滞在は一週間で、到着の翌日に稲葉助五郎の仮住まいを訪れた。神戸清右衛門、不破與四郎が同居していた。

（五）ヨーロッパでの出来事と帰国後の事後処理

留学は国費の無駄遣い、外国教師を招聘すべし

藩命のおもむきを稲葉助五郎に伝達したところ、稲葉氏は次のように述べた。「日本にいた時には諸種の大望を計画したものの、ヨーロッパに到着して以来、以前に望んだ志は全く一変した。何故ならば言語が通ぜず、自分の望んだ志を他人に語ることが叶わず、また、他人の言うことも私の耳では悟ることが出来ず、恰《あたか》も初生児と同然で、それ故に今日に至るまで三ヵ月の間、この地に滞在したものの未だ何事も着手すべき志気が起こらず、ただただ、前非を悔んで進退の処し方が分からない始末である」と。

そこで吉井氏と相談して稲葉氏一人に帰国のための旅費を与えて出発させ、他はヨーロッ

パに留まり留学し、稲葉氏には許可を受けずに渡欧した罪を償うために学生五名留学の事を尽力させることとし、藩命の許可があるまでは、今回携帯している二万弗の為替証書によって学費継続のあてとすることにした。吉井氏は稲葉氏と共に帰国する考えであった。黒川誠一郎はフランスのパリにいて、馬島健吉はオランダのユトレヒト[46]にいた。この両名をロンドンに呼び、藩の学生五名（神戸・不破・黒川・伍堂・馬嶋）で会合して、この事を議論して稲葉助五郎を説諭した。

稲葉が言うには、「私は既に藩命を待たずしてヨーロッパに渉《わた》り、大罪を犯した者である。ところが今回、伍堂氏の来航は藩命では私の罪を責めることなく、その上準備金を送っていただき、私はじめ神戸・不破・黒川・馬島の帰国を命じられた藩知事の仁恵には、深く感謝するばかりで言葉も無い。であるのになお、学生を留めて私だけが帰国の上、学生の留学認可の事を尽力すべきであるとは藩知事の仁恵深きにも拘わらず、罪に罪を重ねる理屈であるから、諸君たちの希望を承諾する事は出来ない」と。

学生たちは次のように言った。「稲葉様は帰国の上、国家のため一身を投げ打って、この尽力に従事すべきである。今、我らが帰朝する事は、今日まで消費した大金はあたかも海中に投じたと同一であり、かつ、更に帰国旅費を加えることになる。金沢藩庁においては今回伍堂が携帯する二万弗は償却しても差し支えが無い見込である。故に我らの往復の旅費を活用しこの二万弗で五名の学費に充てれば、四ヵ年間留学して、他日国益を挙げるようになることは論を待たないことで、稲葉様の犯罪も幾分か軽減するものである。あくまでも稲葉様単独で速やかに帰国して、この事に尽力し、国家のため一命を捨てるべきである」と強く迫った。

稲葉氏はここにおいてようやく承諾し、「しかしながら二万弗の為替証は私がこれを携帯し、帰国の上、藩庁に返納して伍堂らの留学の事は身命を投げ打って尽力する」と答えた。そこで稲葉氏は吉井氏と共にアメリカに渡り、太平洋を経由して帰国した。神戸、不破両人はロンドンに止り、黒川はパリに帰り、私と馬嶋の両人はオランダのユトレヒトに帰り各々学業に励んだ。

ユトレヒトに到着すると馬嶋健吉はこれまで福岡藩の医学生武谷俊三(47)、同赤星研造(48)と同居していた。私もこの家におよそ半ヵ月のしばらくの間寄留したが、アムステルダム(49)に居住するオランダの陸軍々医総監であったファンハッセルト氏が直ちに私を訪問し、それ以後ユトレヒト滞在中に月一回は必ず訪問があった。今回私共のユトレヒト滞在に関してはドイツの商人であるアデリアン氏が対応方をファンハッセルト氏に依頼した模様で、故にオランダを去ろうとする際に、アデリアン氏の諭示によって一ヵ月につき、オランダ金百ギルデム宛の割合を以てファンハッセルト氏に謝礼を送った。滞在中しばしばアムステルダムを訪れたが、アムステルダムとユトレヒトの間は汽車で一時間の行程であった。

オランダのドルトレヒト(50)に留学する長州藩の村田亀太郎およびドイツのハイデルベルク大学留学中の会津藩の小松済治がしばしばユトレヒトに来遊し、私共の仮住まいに寄宿した。私は熟考に熟考を重ねた末に、日本人だけで同居するのは、はなはだ便利であるが、語学を学ぶには不利であることを悟った。故に独りでユトレヒト市内のマダムセルベルヘルさんの家族に依頼してここに転居し、武谷、馬嶋等と別れ、日々教師を招聘してオランダ語を学び、毎朝乗馬学校に行って乗馬術を練習した。

明治二年八月プロシアのギーゼン(51)に住むアデレアン氏がアムステルダムに来て、金沢藩のために医学教師雇入の条約を交わすために会合しなければならないことを通知してきたので、直ちにアムステルダムに出向いた。当時、丁度小松済治が来遊中であったので、同氏と武谷俊三を条約通弁方に依頼して同行した。神戸清右衛門はこのためにロンドンから来会し、我が国の明治二年八月上旬に当たる西暦一八六九年九月二十二日にアムステルダムにおいて我が国の少佐に相当するオランダ陸軍一等軍医スロイス氏(52)を金沢藩へ雇い入れ、一ヵ年の後に赴任。日本到着の日より起算し三ヵ年の期限とし、日本加賀国金沢に到着後は医学校において医学生徒を教授し、同時に病院内外の患者の治療に従事し、月給は洋銀四〇〇弗（約二二五〇両）と定め、日本国の港へ到着の日より給与し、旅行仕度金として月給二ヵ月分を前借させ、旅費として片道洋銀七〇〇弗を支払い、金沢において住家を貸し渡すことにして条約調印をした。

この条約結了後、アムステルダムのホテルにおいて神戸、小松済治らと会話中、私は熟考に熟考を重ね、目下日本国よりヨーロッパ諸国に留学する学生の有様を観察すると、学事に熱心に励む者は少なく、多くは不品行を極め、その口実として、語学に練熟するにはつとめて婦人との交際を親密にすることがよいことであるとする有様を見て憤懣に堪えることができず、このような事は、本国政府に対して不品行を極める彼らを国賊呼ばわりしても偽りのうわさなどではあるまいとさえ思った。私の今回の洋行は素より大望あるものであるにもかかわらず、目下、ユトレフトにあって日々修める課業は小学課程に止まり、習字、語学、数学、読本の類であって、藩知事に莫大な学費を払わせて留学すべき価値が無いことを悟り、大いに憤り嘆き溜息をつくことが止まらない状況であった。

今、この事を知ってなおこれを犯すことは、私もまた国家に対し国賊の罪を免れない、そのようなわけで神戸氏に相談して私は次のように述べた。「我が藩の留学生はことごとく皆帰国させ、藩政の無駄遣いを省き、藩下の人民一般に必要である教育法を考え、英語学、理化学、鉱物学、機械学などの教師数名を雇い入れ、各科必要の教育材料を購入し、即座に帰国して金沢藩下一般の進歩を図ることが我々の急務とすべきことである。どうして我々一個人の利益を考えて、ヨーヨッパに留学して多額の藩費を無駄遣いして藩政が衰退するのを招くことがあってはならない」と。

神戸氏は即決して同意した。そこで次に他の藩学生に相談したが賛成する者はいなかった。故に私と神戸の両人は決心して、この事を実行することにして、小松済治を通弁方として同伴し、ある日、プロシアのギーゼンに赴いてアデリアン氏にこの事を相談した。同氏は大いに賛成し、よって教師を捜索し、教育材料買入方を嘱託し、語学教師はイギリス人を、その他はドイツ人を選抜すべき事に決した。よって教授通弁役として小松済治を金沢に雇い入れ、それがため馬島氏の留学中の負債および凡そ洋銀二〇〇〇弗の帰朝旅費を支払うことに内約した。

このような大事について私と神戸両人の専断をもって実行した事は、藩政に対してまたその罪は軽くないので、神戸氏は留まって諸条約を決了し、私は直ちに帰国して藩庁の認可を嘆願する事に議決して、私は直ちに神戸氏と別れて、ユトレヒトに帰り、明治二年九月下旬に旅装を整えて帰国の途に就いたのである。フランスのパリに到着し、黒川誠一郎に面会し、三日間滞在して、リヨンを経由してマルセイユに出て、同港にてイギリスのピヤノー社の便船を求め、地中海、紅海、インド洋、支那海を経て同年十二月二十八日に我が国の肥前国長崎港に帰着したのである。

明治二年（一八六九）十二月二十八日、肥前国長崎港に帰着するや、旧主本多播磨守が金沢藩知事の殿中すなわち旧金沢城二ノ丸において暗殺されたとの訃音《ふいん》に接し、驚き嘆き悲しみ、落胆狼狽し惘然《ぼうぜん》としてなす術が分からない程であった。そもそも私が今回この大事を企図したのは素より国家のために一身を犠牲にして思い切って専行したものであるが、そのよりどころとしたのは、全く旧主本多播磨守が金沢藩政における全権であることから、報国心のわずかな真心を上申すれば必ずや採用されるであろうとの考案であった。それで大いに驚愕慨嘆したのであるが、しかしながら躊躇している場合では無い、すぐに帰藩の上、藩庁にこれを上申しないわけにはいかぬと、直ちに長崎港出帆し神戸港に到着し陸路を昼夜兼行して明治三年正月三日に金沢に帰着して、御用始めに藩庁へ出頭して、学政所大属岡島喜太郎、同岡田與市両氏のもとで詳細事を上申して謹慎し命を待った。しかし、庁議は速には運ばずしばしば学政所に呼び出しがあって問答数回に及んだ。

しかしながら、同年二月三日に金沢医学館(53)副教師に任命するので毎日出勤すべしと命じられた。ヨーヨッパに残駐した神戸清右衛門はプロシアのギーゼンにおいて、諸条約決了後に小松済治を伴って同月帰藩し、同人からも具《つぶ》さに上申した。けれども小松済治は日数二十日間ほど神戸方に滞在して、脱走し行方不明となった。同年三月二十日藩庁から呼び出しがあり、岡島大属から「医学教師は雇い入れるが、他の四名は目下の藩政ではこれを雇い入れるような資力が無いので認可は出来ない。故に皇国の大政府ないし、他藩へ譲与するような考案はないものか」との尋問があった。そこで私は「例えその策があったとしても金沢にいて事を図るのは困難である、京坂地方や長崎に派遣させていただければ何とか周旋する途があると思う」と答えた。これによって三月二十二日に医学館副教師を免ぜられ、医学通弁御用として肥前国長崎へ差し遣わし、手当金として一ヵ月金二十五両宛給与すべきとの辞令を受けた。直ちに金沢を出発し大坂に出府して、ドイツ人の理化学教師(54)を大坂理学校へ、機械学教師(55)を兵庫製鉄所(56)へ傭い入れるべきことに決し、鉱学教師(57)と英語学教師(58)は他に譲与すべき途が無いことを大坂より金沢藩庁に上申し、私は長崎へ赴き医学通弁修業に従事した。

同年七月、藩政改革により、私春閣は金沢藩一代士族に列せられ、従前の通り年中十五俵を賜わった。同年十月八日、長崎在学中に金沢において妻錦子が一女子を分娩し、乳呑児は直ぐに死亡した。法名は釈妙音とした。妻は続いて病の床にあり、明治四年五月二十日についに落命した。法名は散萃院とした。明治三年十一月、長崎在学中に金沢医学館文学四等教師分課医学通弁係を拝命した。同月条約の諸教師および神戸が横浜へ到着したので、出迎えすべき旨を金沢藩庁より命令があったので、直ちに大坂に上った。

同月二十七日、兵部省大坂出張所より大坂藩邸に対して私春閣を政府官吏に招くとの達しがあり、大坂藩邸においては本藩庁へ問い合わせの上、藩庁においては、春閣は目下藩中では必要の人物であるから応召に応える事は困難である旨議決したので、兵部省大坂出張所へその旨を申し出た、それ故、私春閣はこの朝命に応ずることは出来なかった。当時大坂にいた緒方玄蕃正に応召の趣旨を問い合わせたところ、今般橋本綱常《つなつね》(59)、通称琢磨《たくま》氏が洋行を申し付けられたので、その代職速すなわち大学医学校医学通弁職を申付け、月給八十両を給与すべきであるとの内意であったという。

藩の大属で後に南郷茂光と改名する浅津富之助(60)が教師出迎主任として出張することになり、同年十二月下旬浅津に同行、更に江戸表に下り、明治四年正月横浜に出向いて医学教師のオランダ人スロイス氏を迎えた。ところが、オランダ留学生の福岡藩の武谷俊三が随行して帰国し、スロイス氏から通弁職として同人を金沢藩へ雇い入れたいとの申し出があり、月給八十両で雇い入れることに決定し、一同は更に上坂して神戸にて鉱学教師および語学教師を迎え、同年三月下旬教師三名を伴って大坂を経由して伏見に出て、近江、越前の地を陸行して加賀国に入る途中、越前国敦賀港に一泊中、語学教師リトルウッド氏が天然痘に感染し、大聖寺町に到って烈しい高熱に見舞われ全身に発疹が出来、旅行に堪えることが出来なくなったので、同地の宿に留めて、他は同年四月二日に金沢に到着した。

二人の教師を元寺西邸であった金沢大手町外国教師館に入れ、翌三日に医学教師スロイス氏、医学館文学三等教師田中信吾(61)、武谷俊三および私の四人は直ちに大聖寺に出張して、リトルウッド氏の治療に様々なあらゆる手法を尽くしたが、益々危篤に陥り薬力効なく、同夜終《つい》に落命したのである。故に遺骸を同地に埋葬して金沢に帰り、教師の教場を整頓して後、各々授業を始めた。

私は医学館で武谷俊三と共に医学教授ならびに病院内外患者治療のため、通弁の職を務め、その後、明治七年（一八七四）九月まで金沢医学校(62)において医学教授、同病院において医員の職を兼務した。ところが、当時征台の役(63)があり、同年九月に朝廷の応召に応じ、同十月に上京し陸軍省に出仕し、一時東京本病院に勤務し同年十一月、肥前国長崎、筑前国博多、肥後国熊本に出張して台湾の役での傷病者を治療した。翌明治八年四月帰京し、東京においては砲兵隊附に転任。同九年十月千葉県下総国佐倉兵営に在勤し、同十年三月東京本病院附に転任し、当時十年西南の役(64)が起り、大坂に出張して同地の臨時病院附となり、西南の役での負傷者および病者である多くの人々の治療に当たった。同年十二月帰京後、明治十四年（一八八一）四月に至るまで陸軍々医本部に出仕し、同月加賀国金沢兵営聯隊附医官に転職し、同十八年（一八八五）五月、第五師団広島の連隊医官に転職し、同二十三年（一八九〇）六月、帰京を仰せつけられ近衛歩兵第四聯附に転職した。同二十四年十一月十二日本籍を石川県から東京府に移し、東京府士族となった。

勤仕及賞罰履歴

一　慶応二年（一八六六）、肥前国長崎済美館仏語学助教を拝命し、一ヵ月の手当金として二両宛給される。（旧幕府立外国語学校）

一　慶応二年八月、長崎在学中は前田加賀守官費生同様に一ヵ月の学費として金五両宛貸費生を申しつけられる。

一　慶応四年（一八六八）正月、肥前国長崎医学校附属病院薬局方を申しつけられ、一ヵ月の手当として金七両宛給与される（長崎裁判所知事より）（藩政期には精得館と称した長崎病院を維新後に改革した病院である）

【注】

（1）**小立野の亀坂**：現在の小立野三丁目から西方の笠舞二丁目に通じる急な坂道を亀坂という。この坂周辺の地名であった。

（2）**仙石町**：現香林坊一丁目、広坂二丁目、尾山町一帯の地名。昭和四十一年町名消滅。

（3）**本多播磨守**：加賀藩の年寄職（八家）の内の一つで、前田家の家臣の中で最も大きい家禄五万石を有した。当時の本多家の当主は第十一代政均《まさちか》。次男であったが兄の死去により安政三年（一八五六）家督を継ぐ。海防を担当した幕末には、行き過ぎた攘夷派に対抗し、元治の変後は藩政を主導、十四代藩主慶寧の治世下では近代化に貢献したが、明治二年暗殺された。

（4）**本郷の前田邸**：現在の東京文京区本郷にあった加賀藩の中屋敷。

（5）**石川桜所**：文政八年（一八二五）～明治十五年（一八八二）。蘭医師、明治初期に軍医となる。名は良信、通称は玄貞、玄水など、号は桜所など。陸前国（現宮城県）登米郡桜場村（現中田町）に生まれ。加賀国の黒川良安、江戸の大槻俊斎、伊東玄朴、長崎のオランダ医師から蘭医学を学び、アメリカ総領事ハリスの熱病を治し有名となる。文久二年（一八六二）仙台藩の医員を経て幕府の医官となった。慶応三年（一八六七）侍医長として法印となる。十五代将軍慶喜を補佐し、その後仙台に帰ったが、慶喜を補佐したことで一年間投獄された。明治四年（一八七一）新政府に才能を見込まれ兵部省に出仕、後に陸軍軍医監となった。

（6）**新宮涼民**：幕末維新期の蘭方医。新太郎、義慎、通称は舜民から涼民。備中国浅口郡生まれ。長じて新宮涼庭に入門、見込まれて養嗣子となり、涼庭の没後は新宮家の中心となって活躍。京都医学会の創設、京都療病院の設立などに当たった。

(7)法印:医師などに使う最高位の称号。

(8)石川元貞:石川桜所の通称玄貞を元貞と記したものであろう。伍堂が彼に随従した文久三年(一八六三)六月は、慶喜は将軍ではなく将軍家茂の後見職として家茂を供奉して上洛し、同年三月京都を発し江戸に帰った時のことであろう。石川桜所が法印となったのは、慶喜が将軍となった慶応三年(一八六七)であるから、この箇所の記載はやや正確さに欠ける。

(9)種痘所:安政五年(一八五八)幕府の奥医師たちによって、江戸の蘭方医八十名程が結社を組織し、神田お玉ケ池に新築し、その集会場を種痘館と名付けた。同年末に焼失したが、万延元年(一八六〇)に幕府の補助のもと、神田和泉橋に新築し、種痘所と改称。文久元年(一八六一)幕府により官営化され、後に医学所に発展した。伍堂が学んだのは西洋医学所と改称後のことになる。

(10)啓明丸:加賀藩が産物方用として、慶応元年(一八六五)五月に長崎でグラバーから買い求めた長さ約十七間(約三一メートル)、幅約四間(約七・三メートル)の西洋型帆船。

(11)済美館:安政五年(一八五八)長崎に英語通詞の養成機関として設立された英語伝習所が母体。文久二年(一八六二)英語所(英語稽古所)と改称、その後、洋学所、済美館、広運館、広運学校と変遷し、明治七年(一八七四)長崎外国語学校、翌年長崎英語学校に発展した。

(12)精得館:文久元年(一八六一)幕府が長崎に設立した我が国最初の洋式近代病院長崎養生所が母体。慶応元年(一八六五)精得館と改称。明治期となり、長崎府医学校病院、長崎県病院医学校など幾多の改称後、同七年長崎医学校となり、医学校は東京医学校に併合し、病院部分は長崎県立病院となった。

(13)**マンスフェルト**：ファン・マンスフェルト。オランダの海軍軍医、長崎精得館お雇い教師。明治維新で長崎府医学校と改称した際に、長与専斎と教育制度の改革に取り組んだ。その後熊本、京都、大坂で活動、帰国後はハーグ種痘局長を務めた。北里柴三郎ら多くの人々を教えた。

(14)**中根義太夫**：中根家は累代本多家に仕える家柄で、中根角右衛門の嫡子（次男であったが長男の丈五郎が明治元年一月に逝去したため、嫡子となった）中根大六清白《きよあきら》であろう。弘化三年（一八四六）、本多政均（播磨守）の近習になり、嘉永三年（一八五〇）十月、父の死により家督を相続。組才許や足軽頭の後、安政三年（一八五六）六月に近習頭となり、その後、本多政均（播磨守）の側近として活躍した。

(15)**岡島喜太郎**：金沢市立玉川図書館近世史料館、加越能文庫所蔵の岡嶋平学一守《かつもり》の「先祖由緒并一類附帳」があるが、その中に同類として彼の名前が見える。平学は慶応三年（一八六七）の軍制改革で、寄合御馬廻組に任命されているが、喜太郎も軍務に付いていてその後御軍艦奉行に就任したと想像されるが詳細不明。

(16)**佐野鼎**：文政十二年（一八二九）、郷士の嫡子として、駿河国富士郡水戸島村（富士市）に生まれ、西洋砲術家幕臣下曽根信之（金三郎）や長崎海軍伝習所などで学ぶ。加賀藩は佐野を安政四年（一八五七）、砲術師範として召抱えた。万延元年（一八六〇）の遣米使節、翌文久元年（一八六一）十二月に出発した幕府の遣欧使節にも参加。訪米視察の際の見聞録「奉使米行航海日記」を藩主に献上する。明治初年、現在の開成学園の前身である共立《きょうりゅう》学校を創立。

(17)**関沢孝三郎**：幕末に江戸で村田蔵六（大村益次郎）の鳩居堂で学ぶ。加賀藩が最初に保有した軍艦発機丸の運用方棟取として活躍、慶応元年ロンドン留学、帰国後は、金沢藩権少属、駒場農学校長、水産伝習所長などを歴任し「水産界の父」と称される。

(18)**吉井保次郎**:吉井立吉と同一人物。幕末維新期に長崎で医学修行。明治二年(一八六九)軍艦奉行岡島喜太郎、佐野鼎、関沢孝三郎、伍堂卓爾と渡欧。岡島、佐野、関沢が香港から帰国した後は、伍堂と二人でイギリスへ。稲葉を伴いアメリカ経由で帰国。帰国後は金沢医学館教師、後、明治四年の政府欧州視察団に岡田雄次郎、北川亥之作とともに加わる。

(19)**太政官紙幣**:太政官札、金札とも言う。明治新政府が明治元年に発行した不換紙幣。

(20)**メキシコ弗**:十六世紀以降スペインがメキシコ産の銀で鋳造し、東洋貿易で使用した銀貨の単位。

(21)**呉孫権**:三国時代(二二〇~二八〇)の呉の初代皇帝。魏の曹操を赤壁の戦いで破り、以後江南に勢力を拡大。二二九年武昌で帝位に付き、国を呉と称した。建業(南京)に都を移した。

(22)**稲葉助五郎**:慶応二年(一八六六)三月に佐野鼎が長崎でポルトガル商人ショーゼイ・ロレイロと購入約定書を取り交わした陸蒸気器械類が、納入期日になっても届かなかった際に、その交渉に当たり、佐野鼎、金谷与十郎と共に蒸気器械御開き方等主付の任を命じられた。その後、陸蒸気器械類の長崎到着、受取許可も見届け、明治元年(一八六八)十月、藩に海外渡航を申請したが、その許可を得る以前に軍艦奉行として四名の留学生を伴い同年十二月に長崎を出港した。帰国後は金沢藩大属、外国教師取扱方などを歴任、関沢孝三郎は従兄弟、大聖寺藩の石川嶂の蒸気船琵琶湖就航にも協力する。

(23)**神戸清右衛門**:「先祖由緒并一類附帳」では、表紙に神戸清右衛門の清右衛門を見え消し、潜と記す。本文冒頭には、年齢三十一歳、神戸清右衛門平正盛《まさもり》と記す。明治三年(一八七〇)の数え年三十一歳から推測すれば、天保十一年(一八四〇)頃の生まれとなる。御馬組頭御用番、御側小将を務め、慶応二年（一八六六）江戸表へお供し、表小将を拝命した頃、英学修業のため、長崎派遣を希望したこともあったという。

(24)**不破與四郎**：家録四千五百石の重臣不破彦三為儀《ためのり》の実弟亮三郎の次男。文久三年（一八六三）七月、「武芸入精心懸宜敷旨」として賞され、慶応二年（一八六六）長崎へ英学等の修行のため派遣され勤学していたが、明治元年（一八六八）十二月イギリスロンドンに留学することを仰せつけられた。「先祖由緒幷一類附帳」では欧州行きは、無断では無く命じられたとしている。稲葉助五郎が渡欧の際に引率した留学生の一人。イギリスで学ぶ。帰国後は石川県英学校教師兼外国人教師通訳、お雇い外国人ランベルトの通訳を務める。

(25)**黒川誠一郎**：黒川良安の嫡子で村上英俊の仏学塾に学ぶ。稲葉助五郎が渡欧の際に引率した留学生の一人。フランスで、パリの法律大学に学ぶ。帰国後は司法省入省、外務大書記官、行政裁判所書記官など歴任する。

(26)**馬嶋《まじま》健吉**：大聖寺藩の藩医馬嶋礼造の嫡子。黒川良安に学び、その後緒方洪庵の適塾で学ぶ。稲葉助五郎が渡欧の際に引率した留学生の一人。ユトレヒトで医学を学ぶ。帰国後は、スロイスの通訳兼医学館教師、啓明学校教師、福井医学所教師を歴任後、大聖寺で馬嶋病院、小松で小松病院を開業する。

(27)**シンガポール**：マレー半島最南端に位置する東南アジアの海上交通の要所として発展。二十世紀半ばにマレーシアから分離独立した。

(28)**甜瓜**：果皮は黄色、果肉は淡緑色で芳香と甘味に富むインド原産の瓜で藩政期に加賀藩でよく食された。

(29)**ベナン**：ペナン島、原文ではピナング。マレー半島の西側、マレーシア北西部の島。貿易・商業都市、観光地として有名。

(30)**ゴール**：スリランカ（旧称セイロン）の港湾都市。ポルトガルやオランダの植民地経営の中心地。

(31)**ジャワ**：インドネシアの大スンダ列島に属する島をジャワ島というが、古くはインドネシア一帯の総称。

(32)**ニッキ**：肉桂枝。樹表や葉から精油、生薬、香料が取れる。ニッケイ、シナモン。

(33)**アダムという高山**：ゴールの北東約七〇キロに聳える標高二二四三メートルのアダムズピークである。

(34)**五百羅漢の堂内**：釈迦の弟子五百人の聖者が集った堂。

(35)**スエズ**：スエズ運河の南端に位置するエジプトの港湾都市。明治二年（一八六九）にスエズ運河は完成したので、伍堂・吉井が往路で通った時は運河は未開通であった。

(36)**コルカタ**：インド西ベンガル州の州都。ガンジス川の三角州上にあるインドの重要貿易港。旧称はカルカッタ。

(37)**アレクサンドリア**：地中海に面したエジプト北部の中心都市。原文では亜歴山。古くから貿易港とし発展、地名は紀元前四世紀に活躍したアレクサンダー大王にちなむ。

(38)**アデン**：アラビア半島最南端の港湾都市。独立後の一時期、南イエメンの首都であった。かつてはイギリスの植民地。原文では亜甸。

(39)**縦五寸横三寸**：一寸は、約三・〇三センチであるから、およそ縦一五センチ、横九センチ。

(40)**四合**：一合は約〇・一八リットルで、四合は約七二〇ミリリットル。

(41)**カイロ**：エジプトの首都、ナイル川三角州の頂点に位置する大都市。
(42)**ジブラルタル海峡**：ヨーロッパ南西端とアフリカ北西端間の海峡。地中海の西の出入り口としての海上交通の要所。
(43)**サウサンプトン**：ロンドンの南西約一二〇キロのイギリス南部、イギリス海峡に臨む港湾都市。ハンプシャー州の州都。
(44)**リヨン市**：フランス南東部、ローヌ川とソーヌ川の合流点にある河港都市。起源は紀元前のローマ時代に遡る。古くから絹織物が盛んであった。
(45)**ナポレオン三世**：(皇帝在位一八五二～七〇)、一八四八年に、フランス第二共和政制の初代大統領に選ばれ、一八五二年に帝位に就き、第二帝政を始めた。伍堂がパリに到着した明治二年(一八六九)は、第二帝政の末期で、ナポレオン三世は、翌一八七〇～七一のプロイセンフランス戦争(普仏戦争)に敗れ、その後イギリスに亡命した。原文では奈勃翁。
(46)**ユトレヒト**：オランダ中西部の都市。鉄道交通の要所で、商業・文化の中心。大学は十七世紀前半に創建された。
(47)**武谷俊三**：福岡藩の公費ドイツ留学生。武谷涼山と同一人物か。この人物の詳細不詳。適塾で学び福岡藩の医学校を創設した武谷祐之《ゆうし》の子とも考えられる。
(48)**赤星研造**：福岡藩医学留学生。慶応二年(一八六六)ドイツ留学。普仏戦争でプロイセン軍医として従軍。明治六年(一八七三)帰国後は宮内省侍医、東大外科教授などを歴任。
(49)**アムステルダム**：オランダの首都で、アイセル湖西岸、アムステル川の河口にある商工業・文化都市。ユトレヒト間の距離は約三五キロ、汽車で一時間の行程とあるから汽車のスピードは時速三五キロ。

(50)**ドルトレヒト**:オランダ南西部南ホラント州南東部の商業都市で中世に最も発展した。

(51)**ギーゼン**:ドイツ中西部のヘッセン州のラーン川左岸(南岸)に位置する都市。一六〇七年に大学が開設され、後にリービヒやレントゲンが奉職した。現在の大学名ユストゥス・リービヒ大学やリービヒ博物館の名称は彼に由来する。

(52)**スロイス**:ピーター・ヤコブ・アドリアン・スロイス。オランダ陸軍一等医官、明治二年(一八六九)、伍堂卓爾がアムステルダムで金沢藩医学教師として招聘する契約をし、明治四年金沢に赴任、この地域の医学の発展に尽くす。

(53)**金沢医学館**:金沢藩が明治三年(一八七〇)二月に創設した病院を付属させた医学教育施設。大手町の旧津田玄蕃邸(現在は兼六園内に移築され、金沢城・兼六園管理事務所分室となっている)をあて、卯辰山養生所の医学生徒を転じた。医学館の設立計画の主任を命じられたのは、黒川良安で、彼は主任拝命以前に、すでに明治元年十月に藩命を受けて長崎に至り、学校や病院を調査して、人体模型、医学書、医療機器を購入して持ち帰り任に当たった。

(54)**理化学教師**:ヘルマン・リッテル。伍堂、神戸らの尽力で金沢藩が招聘したお雇い外国人。藩は財政的に雇用不可とし、大坂理学校に委譲した。明治七年(一八七四)に横浜で逝去したが、東京大学の前身東京開成学校でも教鞭をとったので、ドイツ語を学んだ有志が建立した碑が、谷中霊園にある。

(55)**機械学教師**:ウィルヘルム・ハイゼ。ドイツ人。原文ではイギリス人とあるが誤り。伍堂、神戸らの尽力で金沢藩が招聘したお雇い外国人。藩は財政的に雇用不可とし、加州兵庫製鉄所に委譲した。

(56) **兵庫製鉄所**：加州兵庫製鉄所。明治二年（一八六九）加賀藩士遠藤友次郎、関沢孝三郎、大聖寺藩士石川専輔らが企画し、両藩の投資で兵庫の官地を借用し設立した。後に工部省が経営し、兵庫造船所、川崎造船所と変遷する。

(57) **鉱学教師**：ドイツ人のエミール・フォン・デル・デッケン。伍堂、神戸らの尽力で金沢藩が招聘したお雇い外国人。藩は財政的に雇用不可としたが、委譲先が見つからず、藩は兼六園内に鉱山学所を創設し、彼の住まいと教授所とした。鉱山学、地質学などを教授した。

(58) **英語学教師**：イギリス人、バーナード・ジョージ・リトルウッド。伍堂、神戸らの尽力で金沢藩が招聘したお雇い外国人。明治四年（一八七一）一月、デッケン夫妻と共に神戸に着き二月二十五日に神戸を発し、金沢に向かったが、敦賀辺りで天然痘を発症、三月六日に大聖寺の耳聞山《みみきやま》で客死。出村山の墓地に葬られ、墓碑も建てられたが、後に下屋敷町の法華宗久法寺の墓所に移された。荒れ果てた墓地を明治末期に村井家が守り続けた。この美談は日本人の誠実さを示すものとして、世界に配信され世界中の話題となり、平成二十八年（二〇一六）、イギリス大使から村井家に感謝状が贈られた。

(59) **橋本綱常**：通称橋本琢磨。安政の大獄で処罰された福井藩の橋本左内の弟。明治五年（一八七二）に出発してベルリンのヴェルツブルク大学で学ぶ。帰国後は東大医学部教授、陸軍軍医総監などを務めた。

(60) **浅津富之助**：幕末に江戸で村田蔵六（大村益次郎）の鳩居堂で学ぶ。加賀藩が最初に保有した発機丸蒸気方棟取。ロンドン留学、帰国後は、南郷茂光と改名。海軍主計総監、貴族院議員などを歴任する。

(61)田中信吾：小松の儒者湯浅木堂の第二子、幼名発次郎、後に田中謙斎の養嗣となる。緒方洪庵の適塾に学び、帰藩後軍艦発機丸の船医、金沢医学館教師、金沢病院主務医、金沢医学校校長所兼金沢病院長などを歴任。明治十七年（一八八四）私立尾山病院を設立。

(62)金沢医学校：金沢医学館は県に移管され金沢病院と金沢医学所となるが、金沢医学所は、明治十二年（一八七九）に、殿町に金沢病院を新築、これを機に金沢医学館は金沢医学校と改称し、当初は大田美農里が病院長、田中信吾が医学校校長となった。

(63)征台の役：明治七年（一八七四）に起こった台湾出兵。征韓論が受け入れられなかったことによる不平士族の不満のはけ口として、台湾の高砂族による琉球藩民殺害事件を理由に強行した開国後最初の海外派兵。

(64)西南の役：西南戦争。征韓論を主張して容れられなかった西郷隆盛が参議を辞職して鹿児島に下野し不平士族が彼を擁して挙兵し、熊本鎮台を包囲した士族反乱。政府に鎮圧され西郷の鹿児島の城山での自害で終息した。

二　「伍堂卓爾一世紀事」

「伍堂卓爾一世紀事（1）」

伍堂卓爾、字ハ敬甫・石潭ト号ス。弘化元辰年四月二日加賀国（石川県）石川郡金沢市小立野字亀坂（2）ニ生レ、嘉永五子年九月仝市竪町ニ転居シ、明治十二年仝市仙石町（3）ニ居ヲ移ス、幼名亀太郎ト称ヘ後チ晋格ト改メ、壮年ニ及ンテ名ハ知則、通称春格（4）ト改名シ、明治五申年五月更ニ卓爾ト改名ス、金沢藩老臣従五位本多播磨守（5）（家録五万五千石）ノ手医師仝苗又晋齊（家録九十石）ノ嫡男ニシテ仝胞四人アリ、姉ハ仝藩臣寺西徳三郎ノ手医師松田壬作ニ嫁ス、一弟一妹アリ、共ニ早世ス、安政二卯年四月晋格齢十二歳ニシテ金沢藩立学校明倫堂（文武ノ学術ヲ藩臣ノ子弟ニ教育スル一大学校ナリ）ニ於テ四書五経全部ノ読法大試験ヲ受ケ、及等《きゅうだい》優等ニシテ小学四冊・大学三冊ヲ賞与セラル、安政五午年二月齢十五歳ニシテ旧主本多播磨守江戸勤

（1）**伍堂卓爾一世紀事**：金沢市立玉川図書館近世史料館、加越能文庫所蔵『加越能文庫解説目録』下巻、二九五頁には「一連番号六六六五、十六・六二＝一二六、前田家編輯方手写、明治年間、六二丁二三センチ、伍堂卓爾の伝記。旧書名は「一世紀事」とある。明治二十四年（一八九一）十一月に戸籍を金沢から東京に移した頃に記載されたと思われるが、本人自筆か否かを含めて詳細は不明。

（2）**小立野字亀坂**：61頁の注（1）参照。

（3）**仙石町**：61頁の注（2）

番ニ當リ父又晋斎供奉《ぐぶ》ニ付、随行出府シ江戸本郷前田邸内ニ在ルコト一年間、当時江戸神田駿河台町医師石川桜所《おうしょ》(6)ニ入門シ日々前田邸ヨリ通学始メテ阿蘭陀《オランダ》書ヲ読ムコトヲ学フ、同六未年二月、旧主播磨守任満チテ帰国ニ付、父ト共ニ供奉帰国ス。文久二年戌二月、齢十九歳ニシテ医学修業ノ為メ京都ニ出府シ仝地室町々医師新宮涼民《りょうみん》(7)ノ家ニ入塾修行ス（是時通称春閣ト改名ス）仝三年亥六月、齢二十歳ノトキ当時ノ大樹(8)徳川慶喜上洛還御《かんぎょ》(9)ニ付、其奥医師法印《ほういん》(10)石川元貞(11)ニ随従シ東海筋江戸ニ出府シ、江戸町下谷泉橋通リ種痘所(12)（旧幕府立西洋医学館、即チ今ノ大学医学部ノ起源）ニ入塾シ、専ラ蘭書ヲ学フ、元治元子年七月願年限満期ニ付帰国ス、仝年十一月齢二十一歳ニシテ金沢町医師洲崎愿吉長女錦子〈嘉永三年十二月生ニシテ当時齢十五歳〉ト結婚ス、慶応元丑年七月前田家ニ於テ始メテ西洋形帆走船(13)買入レ能登国七尾港ニ繋《つな》キ肥前国長崎ニ廻航ノ便アリ、此ノ時藩臣ノ子弟凡ソ五十名ノ学生藩費ヲ以テ洋学修業ノ為メ長崎ニ

参照。
(4) **春格**：春閣の誤記であろう。
(5) **本多播磨守**：61頁の注(3)参照。
(6) **石川桜所**：61頁の注(5)参照。
(7) **新宮涼民**：61頁の注(6)参照。
(8) **大樹**：将軍の異称。但し慶喜が将軍となったのは、後年である。
(9) **還御**：身分の高い者のお帰り。
(10) **法印**：62頁の注(7)参照。
(11) **石川元貞**：62頁の注(8)参照。
(12) **種痘所**：62頁の注(9)参照

差遣セラル、春閣齢二十二歳私費該船ノ便ヲ請フテ與《とも》ニ長崎ニ遊学シ仏人語学教師某々ニ就キ仝国語ヲ学フ、仝二寅年長崎町済美館《せいびかん》(14)（旧幕府立外国語学校）ニ於テ仏語学助教申付ラレ、一ヶ月手当金二両宛下賜、仝時前田家ヨリモ貸費生申付ケ、一ヶ月学費トシテ金五両宛貸給、仝三卯年(15)五月長崎町精得館(16)（旧幕府立病院）へ入塾シ蘭人医学教師「マンスフエルト(17)」氏ノ教ヲ受ク、仝四辰年正月（明治元年正月ニ相当ス）。

王政維新ノ折柄該病院ノ組織改革アリ、医学校ヲ置キ病院ヲ之ニ附属セラル時ニ春閣齢二十五歳、長崎裁判所ニ於テ該病院薬局方申付ラレ、毎月手当金トシテ金七両宛下賜(18)、仝年九月、願年限満期ニ付帰国ス、当時即チ慶応四辰年九月十五日、旧主本多播磨守医師申付ケ年中切米十五俵宛給与、直チニ長崎再遊ノ許可あり、長崎到着後仝年十月、長崎裁判所ニ於テ病院当直医申付ケ一ヶ月手当金十五両宛下賜、仝年十二月下旬事故(19)アリ、長崎病院当直医依願免職、当日ヨリ昼

(13) **西洋形帆走船**：62頁の注（10）参照

(14) **済美館**：62頁の注（11）参照。

(15) **仝三卯年**：伍堂が明治三年（一八七〇）に作成した「由緒一類附帳」（前掲「加越能文庫」所収、特十六三一―六五、帙一八三）の仝三卯年（慶応三年）の箇所には、「仝三卯年…（中略）…マンスフエルト氏ノ教ヲ受ク」の記述は無く「慶応三年夏長崎医学校頭取旧幕府医池田謙方江入塾、仏蘭西側ゟ医学執行仕候」とある。

(16) **精得館**：62頁の注（12）参照。

夜兼行（長崎ヨリ神戸マテ米国飛脚船便、神戸ヨリ金沢マテ陸行）帰国シ、旧主播磨守ニ上申スヘキ件アリ、帰着当日ノ夜半近侍頭役中根義太夫(20)ヲ以テ即時内意ヲ伺いヒタル所、今マ面会ヲ許スハ敢テ拒ム所ニ非スト雖《いえど》モ、五万石ノ藩中或ハ沸騰ヲ醸スヤノ恐レアリ、然ルトキハ却テ春閣ノ為メナラス、上申ノ趣意委細聞置キタリ、来春（明治二年）拙者長崎ニ趣キ蓋《けだ》シ汝ノ素志ヲ貫徹セシムルコトアラン、今ヨリ即刻微行(21)、速ニ帰崎シテ時ノ至ルヲ待テト仁愛深キ内命ヲ蒙リ帰宅、直チニ旅装シテ翌日黄昏ニ乗シ金沢ヲ出発シ陸路摂津国神戸港マテ昼夜兼行ス、此ノ時長崎ヨリ携帯シ来ル一分銀ニテ弐百両ヲ胴巻ニ納メ携帯ス、而シテ此ノ旅行微行ナルカ故ニ駅々人馬帳ヲ携帯セス故ニ徒歩ニテ金沢ヲ発ス行クコト二里余ニシテ携帯金ノ為メ一歩モ進ム能ハス、進退大ニ窮シ徐歩(22)恰《あたか》モ匍匐《ほふく》(23)行ヲナシテ夜半子刻漸《ようや》クニシテ金沢ヲ距ルコト八里小松駅ニ達シ是ニ於テ動作モナシ能ハサルニ至ル、因テ伝馬問屋ノ前ニ至リ藩用急行飛脚ノ到来ヲ待ツ、然ル

(17) マンスフエルト：63頁の注(13)参照。

(18) 金七両宛下賜：『加越能時報』二五三号、大正二年四月刊の「伍堂卓爾氏略歴」によれば、「金七両下賜される医学校に於いてはマンスフェルト氏及びゲールッ氏の教授を受く」とある。

(19) 事故：悪い出来事、すなわち事故の意味ではなく、訳（あり）、子細（があって）の意味であろう。どのような子細かは明記されていないが、私見では、元年の末に、稲葉が四人の留学生を伴い、藩の許可を待たずに渡欧したことと推測する。

ニ丑刻ニ至リ昼夜兼行ノ藩用急使来ル、依テ之ニ懇願シテ仝行シ摂津国大坂マテ昼夜兼行スルノ僥倖《ぎょうこう》(24)ヲ得タリ、是ヨリ神戸港ニ至レハ長崎行米国飛脚船ハ前日抜錨セリ（当時飛脚敏ハ米国会社便ニシテ漸ク一週一回アルノミ）急行ノ旅行中、進退大ニ窮シ止ヲ得ス時ノ兵庫裁判所知事（伊藤博文伯）ニ免喝シ山陽西海両道ヲ経テ長崎ニ至ル陸路昼夜兼行ノ證ヲ受領シ摂津国兵庫ヨリ肥前国長崎マテ七昼夜間ニシテ到達シ、着後直チニ長崎医学校ニ入塾ス、明治二巳年二月更ニ長崎裁判所ニ於テ前職ノ通リ長崎病院当直医申付ケラル

欧州行紀事

明治二巳年三月金沢藩軍艦奉行岡島喜太郎(25)、藩用ヲ帯テ長崎ニ来ル、仝藩士佐野鼎(26)・関沢孝三郎(27)・吉井保次郎(28)随行ス、仝人等今般藩用帯テ欧州行ニ付キ、春閣へ仏語通弁役申付ケ仝行可致ニ付、長崎病院当直医辞職可致旨申渡サレ、乃《すなわ》チ岡島ヨリ長崎裁判所知事（井上

(20) **中根義太夫**：63頁の注(14)参照。
(21) **微行**：忍び歩くこと。
(22) **徐歩**：ゆっくりと歩くこと。
(23) **匍匐**：腹這いになり、這って進むこと
(24) **僥倖**：思いがけない好運。
(25) **岡島喜太郎**：63頁の注(15)参照。
(26) **佐野鼎**：63頁の注(16)参照。
(27) **関沢孝三郎**：63頁の注(17)参照。
(28) **吉井保次郎**：64頁の注(18)参照。

馨伯）(29)ニ出願シ願ノ通リ聞届ケラレ仝年四月三日此ノ一行、米国飛脚船「コスタリカ」号便ヲ以テ長崎港ヲ出発シ、仝五月支那上海港ニ着ス、直チニ上陸、仏人某客舎ニ投宿、翌六日仝港市内ヲ徘徊巡覧ス、春閣ノ此ノ行ヤ頭ハ日本古風ノ半髪ヲ結ヒ服装ハ羽織袴ヲ着シ、腰ニ大小刀ヲ佩《お》ヒ足ニ雪駄《せった》ヲ踏ミ日本両天傘(30)ヲ携ヒ、終始此ノ風姿ヲ以テ貫クヘキ素志ナリシ、然ルニ上海市内徘徊ノ際、夥《か》多《た》ノ支那土人男女老少群衆囲繞《いじょう》(31)シテ春閣ノ異風ヲ嘲笑シ特ニ雪駄裏鐵ノ鳴響ヲ切リニ《しき》窺察《きさつ》シテ罵詈《ばり》スルコト甚シ、是ニ於テ素志忽《たちま》チ挫《くじ》ケ髪ヲ断チ散髪トナシ、其鬙及ヒ衣服大小ヲ長崎ニ返送シ洋式ノ被服一切ヲ購ヒ着用ス、他ノ仝行人ハ皆最初ヨリ洋服着用セリ、仝夜独国「アデレアン」商会ニ招カレテ晩餐ヲナス、此ノ時主人アデレアン氏、上海新紙中日本紀事ヲ読ンテ曰ク、日本ノ太政官紙幣(32)ハ大ニ価格ヲ墜《おと》シ一百両ハ殆ント墨其古弗《メキシコ》(33)五枚ニ対セントスルノ傾アリト、岡島・佐野両氏大ニ驚愕、藩政ヲ憂フルコト切ニシテ将ニ此ノ行ヲ中止セン

(29) **井上馨**：天保六年（一八三五）生まれの長州藩士。山口講習堂や藩校明倫館、江戸有備館などで学び、その後江川太郎左衛門塾で砲術修業をした。帰藩後は西洋銃陣の修練をして、文久二年（一八六二）十二月品川御殿山の英国公使館焼打ちを実行する。文久三年伊藤博文らとロンドン留学。帰国後は長州藩尊王攘夷派として活躍、新政府成立後は、九州鎮撫総督の参謀、参与兼外国事務掛、大蔵大輔、元老院議官、外務卿などを歴任した。

トスルニ至リ、客舎ニ帰ルノ后《のち》、頻《しき》リニ会議ヲ開クモ中止ノ議整ハス、此地ニテ仝行五名ニ対スル仏国マルセール[34]港迄ノ便船切符ヲ購フ。翌七日馬車ニテ市街ニ遊ヒ、行クコト数里ニシテ呉孫権[35]ノ古墳墓ヲ見ル、仝夜支那劇場ニ入テ一覧ス、頗《すこぶ》ル奥味アリ、翌八日仝行五人英国飛客船（英国ピアノー会社ノ飛脚船ニシテ仏国マルセール港ニ至ルマテ此ノ会社便ヲ用フルモノトス）便ヲ以テ上海港ヲ抜錨シ支那香港ニ向フ、海上六日間風波強ク船動劇甚ナリ、仝月十三日香港ニ投錨、直チニ上陸、仏人某大客舎ニ投宿ス、翌十四・十五両日間滞在、該《その》市ノ内外ヲ巡覧ス、岡島等藩政ヲ憂フルコト愈々《いよいよ》切ナリ、遂ニ欧行中止帰朝ニ一決シ、春閣及ヒ吉井保次郎ノ両人ノミヲ差遣シテ藩用ヲ完《まっと》フセシムヘシト議決ス。其命ニ曰ク昨慶応四年十二月、仝藩軍艦奉行稲葉助五郎[36]大望ヲ企テ学生四名（神戸清右衛門[37]・不破與四郎[38]・黒川誠一郎[39]・馬嶋健吉[40]）ヲ率ヒテ英国龍動府《ロンドン》ニ趣ク、此ノ行タルヤ藩命ニ非ス、自ラ大事ヲ計画シ軍艦及ヒ兵器ヲ購ヒ理化・器

(30) 日本両天傘：我国に於ける雨傘と日傘の両方を兼ねて使用する和傘。

(31) 囲繞：ぐるりと取り巻くこと。

(32) 太政官紙幣：64頁の注(19)参照。

(33) 墨其古弗：64頁の注(20)参照。

(34) マルセール：マルセイユ、フランス南東部のローヌ川の河口付近の地中海に面した商工業都市、古代から貿易港として発展。

(35) 呉孫権：64頁の注(21)参照。

(36) 稲葉助五郎：64頁の注(22)参照。

(37) 神戸清右衛門：64頁の

械・鉱山・医学等ノ教師ヲ雇入レ、且ツ引率ノ学生ヲ彼地ニ留学セシムヘキノ届出ヲナシ許可ヲ待タスシテ出港セリ、金沢ノ藩政彼レカ計画ノ一モ認可スヘキ勢力ナシ、故ニ汝等英国ニ到リ助五郎ニ面会シテ彼レノ計画ヲ飽《あく》マテ諫言《かんげん》シ藩命ヲ以テ停止セシムヘシ、万一既ニ彼レノ計画セル事業ノ若干ニ着手シアレハ若干ノ償金ヲ支払フモ苦シカラス、且ツ引率ノ学生ハ悉《ことごと》ク帰朝セシムヘシ、其準備金トシテ金二万弗ノ為替證ヲ渡スト、春閣答云フ、此ノ使者ノミトシテ欧州ニ趣クハ望ミ甚タ少シ医学教師一名雇入ヘキ事ヲ認可アレハ承諾スヘシト固守ス、岡島氏熟考ノ上、之ヲ認可ス、依テ両人承諾ス故ニ岡島・佐野・関沢ノ三氏ハ香港ヨリ帰朝シ、春閣・吉井両人ハ是ノ藩命ヲ携テ四月十六日午前九時香港ヲ去リ飛脚船ニ移ラントス、時ニ岸頭ニ送ルモノ岡島・佐野両氏ニシテ春閣・吉井両人ハ二氏ニ告別シ艀舟《ふせん》(41)ヲ傭《やと》フテ飛脚船ニ移ル、関沢氏ハ本船マテ仝行シ船ノ甲板上ニアリテ三名会話スルコト一、二時間、漸《ようや》ク抜錨ノ時来リ、関沢ハ艀舟ニ棹《さお》シテ陸ニ

注(23)参照。

(38) **不破與四郎**：65頁の注(24)参照。

(39) **黒川誠一郎**：65頁の注(25)参照。

(40) **馬島健吉**：65頁の注(26)参照。

(41) **艀舟**：はしけ舟、本船と波止場をとの間を往復し荷を運ぶ舟。

帰ル、春闇本朝ニ在リテ少年十五歳ノ時ヨリ父母ノ国ヲ去リ、屡々《しばしば》内国諸方ニ遊学シ能ク旅行ニ慣《な》レ離別ノ情ニ際会(42)セシコト従テ多シ、然レトモ此ノ時関沢氏ト分袂《ぶんべい》(43)スル情ノ如キハ未曽有ニテ離別ヲ惜ムノ情最モ切ナリ、彼レ陸ニ着スル迄ハ艀船上ニ立チ春闇ハ本船甲板上ニ立チテ相視ノ間、双方相呼ヒ或ハ頸ヲ伸ヘ、或ハ手ヲ挙ケ或ハ帽ヲ取リテ回転シ離別ヲ惜ムノ央、遂ニ朦朧《もうろう》トシテ象跡ヲ見ス、時鐘十二時ヲ告ケ抜錨ノ鈴ヲ鳴ラシ黒煙ト共ニ錨ヲ巻キ、船ハ西南方日輪直下(44)ヲ指シテ進ム、従来本朝諸侯ノ藩臣等往々欧羅巴《ヨーロッパ》洲ニ旅行セシ者アリシモ多クハ彼ノ国ノ人本国ニ帰ル者ヲ頼ミ之ニ事ヲ委任シテ行ク、予等今回ノ行ヤ両人トモ僅々《きんきん》(45)英仏ノ語学初歩ヲ学ヒシニ止リ剰《あまつさ》ヘ地理人情ニ疎ク数多外国人中ニ交リ自己ノ行先ヲ他人ニ協議スル能力ナク、唯一葉ノ旅行切符ヲ以テ行ク処ヲ他人ニ示シ、地図ノ方指針ヲ見テ船進ノ方位ヲ察知スルノミ、嗚呼《ああ》此ノ行ヤ本朝ノ諺《ことわざ》ニ所謂《いわゆる》盲目ノ旅行ヨリモ危難遥カニ勝レリ、香港ヲ距ルヨリ以来支那海ニ

(42) **際会**：出くわすこと。
(43) **分袂**：人との別れ。
(44) **日輪直下**：赤道直下。
(45) **僅々**：ほんの少し。

アリテ四顧《しこ》(46)スルニ一点ノ陸地ヲ見ス風ナリ、船大ニ震動ス此ノ海上ハ常ニ風波強ク船動激甚ノ處ナリト云フ、昼夜劇浪甲板ヲ跨《また》ク、海路一千四百三十七里(47)行クコト七日間ニシテ、四月廿三日印度支那地ノ一島ニ着シ、船ハ岸辺石炭蔵前ニ仮碇ス、此ノ辺小島点々散立シ数個ノ火船碇泊ス、今日入ルモノアリ明日出ルモノアリ、炎熱甚シク、熱骨髄ニ徹ス、亜細亜《アジア》洲亜拉比亜《アラビア》ト阿弗利加《アフリカ》洲ノ間ナル紅海ニ入ル迄ハ春夏秋冬ノ別ナク常ニ厳暑ナリト云フ、此ノ辺赤道直下ナレハ当然ノ事トス、此ノ島ハ英国ノ領スル所ニシテ新嘉坡《シンガポール》(48)ト云フ、人質黒ク所謂黒奴ニ類ス、樹木青々トシテ椰子芭蕉ノ類多ク胡瓜《きゅうり》・茄子《なす》・西瓜・椰子実・芭蕉実・橙《だいだい》実・蜜柑《みかん》ノ類多クアリ、又「パイナーアップル」と称へ松実形ニシテ大サ及ヒ風味本朝ノ甜瓜《まくわうり》(49)ニ類似スルモノアリ、頗《すこぶ》ル美味ナリ、船入港スレハ是等ノ菓実(50)及ヒ小猿・鸚鵡《オウム》ノ鳥獣ヲ提《さ》ケテ艀舟ニ乗リ土人火舩ノ舩腹ニ群集シ旅客ヲ呼ンテ強売ス、價《あきんど》最モ下賤ナリ、又数十ノ黒童舩腹ニ群衆シ客ヲ呼ンテ貨幣

(46) **四顧**：四方を見渡すこと。

(47) **一千四百三十七里**：香港からシンガポールは、直線距離で約二五〇〇キロメートル。一里は、約四キロメートル。一四三七里の記載が正しければ、約五七〇〇キロメートルとなり、航海路の距離は直線距離の約二・三倍程度となるが？

(48) **新嘉坡**：65頁の注(27)参照。

(49) **甜瓜**：65頁の注(28)参照。

(50) **菓実**：果実と同義。

ヲ海中ニ投擲《とうてき》(51)センコトヲ請フ、其声実ニ喧《やかま》シ、予試《ためし》ニ小銀貨ヲ投ス、数童一斉ニ深ク海底ニ沉《しず》ミ是ヲ取リ得シモノ予ニ向テ厚謝ス、其風姿恰《あたか》モ鵜ノ如シ、又此ノ島ニハ乕《とら》・大蛇・野猪《のじし》ノ類多ク、乕ハ屢々《しばしば》人ヲ害スルコトアリト云フ、予上陸港辺ヲ徘徊スルニ大ナル船渠《せんきょ》(52)二個ヲ見ル、一ハ時ニ工事半《なか》ハナリ、此ノ島ニハ船渠五個アリト云フ、馬車ヲ雇ヒ進ムコト少時ニシテ市街ニ達ス、住民大凡ソ六萬アリ、半ハ支那人、半ハ土人(53)ナリト云フ、市中大ナル鉄橋二、三個ヲ見ル、頗《すこぶ》ル繁華ノ地ナリ、然レトモ土人ハ甚タ醜形、全身ノ皮膚黒色ニシテ頭上ニ紅白ナル木綿ノ長キモノヲ巻キ躯幹(54)ニ広キ一布片ヲ懸ケ、腰ニモ布片ヲ纏《まと》ヒ裸足歩行ス、如斯《かくのごとき》人質ノ地ト雖モ久《いえど》シク英国ニ奪掠《だつりゃく》セラレ全国ノ支配ナレハ土民ノ教育兵備等ハ殆ント備ルモノノ如シ、耶蘇教(55)ノ寺院アリ、土人堂宇《どうう》(56)ニ充チテ説教ヲ聴ク、学校アリ、黒童数百集リ級ヲ別ツテ欧人教師ノ教ヲ受ク、病院アリ患者多ク入院ス、兵卒ノ屯営アリ偶々《たまたま》街上行軍スル軍隊ヲ見ル、其服装及姿

(51) **投擲**：投げ込むこと。

(52) **船渠**：船を建造したり修理したりする建造物、ドック。

(53) **土人**：土着民、原住民のこと。

(54) **躯幹**：身体、ここでは胴体を指している。

(55) **耶蘇教**：キリスト教

(56) **堂宇**：殿堂のこと。

勢ハ本朝ニ於ケルカ如キ区々ノ小銃ヲ携ヒ随意ノ着装ヲナス類《たぐい》ニ非ス、此ノ兵ハ亜細亜洲ノ非常ニ備フルモノト云フ、車上ニ在テ市内ヲ巡視シ更ニ海浜ニ出レハ宏大ナル空地ヲ設ケ周囲ニ短肥ノ石柱ヲ連植シ鐡《てつ》鏈《れん》(57)ヲ以テ之ヲ貫キ内部一斉ニ芝草繁生ス、此ノ空地ノ周辺ハ遊歩場ニシテ此處即チ遊園ナリ、欧米諸国ノ此ノ地ニ移住スル輩数百名或ハ夫婦或ハ親子或ハ兄弟姉妹或ハ朋友相伴フテ馬車ニ駕シ、或ハ馬ニ跨《またが》リテ此ノ遊歩地ニ納涼ス、其往復夥多《かた》ニシテ徒歩スルコト難シ、黄昏更ニ馬車ニ乗シテ本船ニ帰ル、此ノ地ヨリ欧州ニ趣ク旅客男女老少数十名増加ス、物貨石炭等ヲ積終リ此ノ島ニ碇泊スルコト二十四時間ニシテ四月廿三日午後四時(58)抜錨ス、舩進ンテ「マラッカ」瀬戸(59)ニ入リ右側山ニ依リ左側ニハ山断続ス、海上三百八十一里(60)、四月廿五日午前六時此ノ瀬戸中ニアル「ピナング」(61)ナル一小島ニ着シ碇泊ス、此ノ島モ英国ノ領地ニシテ数個ノ汽船碇泊ス、気候・産物・人質等新嘉坡ニ同シ、午前九時予等両人上陸、馬車ヲ傭フテ市中市外

(57) **鐡鏈**：鉄製のクサリ。

(58) **四月廿三日午後四時**：前後の文脈から四月二十四日午後四時の誤記であろう。

(59) **「マラッカ」瀬戸**：マラッカ海峡。マレー半島とスマトラ間の海峡。

(60) **三百八十一里**：シンガポールからペナンまでは直線距離で約六〇〇キロメートル。一里は約四キロメートルで、三百八十一里は、約一五二四キロメートル。航行距離は直線距離の約二・五倍となる。

(61) **ピナング**：66頁の注(29)参照。

ヲ巡覧ス、市中ニハ處々短キ鐵柱ヲ植立シ螺旋《らせん》(62)ヲ附シテ用水ヲ導ク、市街ヲ距《へだて》ル凡ソ五里ノ所ニ至レハ蒼々タル幽谷ニシテ飛泉(63)落ツ、涼気炎熱ヲ冷シ大ニ倦怠ヲ回復ス、泉下ニ肥厚ノ鉄管ヲ埋メ山腹ヲ斜メニ下シテ之ヲ市街ニ引ク、是レ即チ市中ノ用水ヲ導クモノナリ、土人ノ性質最モ酷悪、欧州諸国ノ人ハ大ニ土人ノ悪性ナルヲ嫌忌ス、

正午本船ニ帰ル茲ニ一話アリ

先キニ艀舟ヲ雇フテ上陸スルトキ、予舟賃ヲ払ハントス、舟夫之ヲ不足トナシ過金ヲ需《もと》ムルコト切ナリ、故ニ帰リニ與フヘシト云フテ去リ馬車ニ乗ル、舟夫追ヒ来リ、車前ニ立チテ馬進ヲ遮ル、車進ム能ハス、言語不通之ヲ説明或ハ叱咤《しった》スルモ解セス、彼等ノ云フ所モ余輩《よはい》(64)ニ解セス、唯双方喧嘩スルノミ、進退自由ナラス、両人大イニ究ス、茲ニ一ノ仏蘭西人来リ、喧嘩ノ理由ヲ問フ、予其故ヲ告ク、彼レ舟夫等ヲ叱咤シテ追散ス、車進ムコトヲ得タリ、帰ルトキ前ノ舟夫等岸辺ニ在リ、予等ヲ艀舩ニ導ク、舟賃ヲ尋ヌルニ往復洋銀四枚ヲ需《もと》ム、予

(62)**螺旋**：ネジのこと。
(63)**飛泉**：滝のこと。
(64)**余輩**：我輩に同じ。

大ニ怒リ元銀四分ノ一片ヲ與ヘ（上陸時ノ舟賃ニ対スルモノ）他ノ艀舟ヲ雇フテ去ラントス、前ノ舟夫等棹ヲ振リ上ケ予ヲ背方ヨリ撃ツ、予謐言《ひつげん》(65)シツ、艀舟ニ棹シテ本船ニ帰ル。此ノ途中ニテ吉井氏、予ニ向テ曰ク岸頭ニテ預ル所ノ小金ヲ返スト、予曰ク嘗《かつ》テ卿ニ之ヲ托セシコトナシ、彼曰ク岩頭ニ於テ卿之ヲ余カ掌ニ與ヘラレタリ、予其意ヲ知ラス、之ヲ貯ヘテ今之ヲ卿ニ返スモノナリ、因テ始メテ悟ル、先ニ元銀四分ノ一片ヲ舟子ノ手ニ與エシト心得シハ吉井氏ノ手ニ渡セシモノニシテ彼モ其意ヲ知ラス、是於テ両人掌ヲ拍《うっ》テ大笑ス、弥次喜太(66)ノ一《ひとつ》ト云フヘシ

仝日即チ四月廿五日午後一時、此ノ島ヲ抜錨シ「マラッカ」瀬戸ヲ通過シテ印度海ニ出レハ四方陸地ヲ目撃セス、風波強キコト前ニ仝シ、海上一千二百十三里(67)六日間ノ航海ニシテ五月朔日午後二時印度地錫蘭島ノ「ポエントゴール」(68)港ニ着ス、此ノ地モ英国ノ支配ニシテ岸辺炮墪《ほうとん》(69)ノ設ケアリ、又大ナル街門アリ、門側ニ兵卒ノ守

(65) **謐言**：穏やかにつぶやくこと。

(66) **弥次喜太**：弥次喜多。十返舎一九の「東海道中膝栗毛」の主人公の二人弥次・喜多が旅先で犯した失敗談と同じと例えた。

(67) **一千二百十三里**：ベナンからスリランカのゴールまでの直線距離は約二二七〇キロメートル。一里は約四キロメートル。一千二百十三里は、四八五二キロメートル。航行距離は直線距離の約二・一倍となる。

(68) **錫蘭島ノ「ポエントゴール」**：66頁の注(30)参照。

(69) **炮墪**：小高い盛り土の上に備えられた大砲。

衛所アリ汽船十余艘碇泊ス、予カ此ノ行ニ便船スル「ピアノー」会社ノ大船五艘全旗ヲ翻《ひるがえ》シテ茲ニ碇泊ス、是皆日々亜細亜洲諸港及豪州諸港ニ往復シ旅客貨物ノ運輸ヲ便スルモノナリ、島辺港数個アリト云フ、予等両人及「ジャワ」⑺人二人ト共ニ上陸シ、客舎ニ入ル（「ジャワ」ハ和蘭ノ属国ニシテ土人通語蘭語ヲ用フル者多シ、此ノ二輩モ蘭語ヲ語ル、内一人ハ能ク仏蘭西《フランス》語ニ通ス、予カ此ノ行ヤ英船ヲ用フルカ故ニ旅客殆ント皆英人、独人、仏人等ノ混在スルモ悉ク英語ヲ辫ス故ニ言語不通、多ノ旅客ヨリ大ニ軽蔑サル丶カ如キ感アリ、然レトモ本朝人ノ外国人ヲ軽蔑スルニ比スレハ最モ軽ク霄壌《しょうじょう》⑺ノ差アリ、皆四海同胞ノ意志ニ富ミ懇親ノ情モ亦謝スヘキ所多シ、唯言語不通の為メニ憶察シテ野心ヲ煩スコト多キニ由ルモノトス、然ルニ此ノ「ジャワ」人ハ、新嘉坡ヨリ欧羅巴洲ニ旅行スルモノニシテ幸ニ蘭仏ノ語ヲ兼辨《けんべん》⑺シ日夜之ト談話ス、加之《しかのみ》ナラス医学生ニシテ常ニ医談雑話ヲ交ユ、是ガ為メ旅情熱苦ヲ忘却スルノ一助タリ）

(70) **ジャワ**：66頁の注(31)参照。

(71) **霄壌**：天地のように大いに隔たりのあることの譬え。

(72) **兼辨**：わきまえていること。

ポエントゴール港滞在三日間此ノ島ニハ米穀繁生、年間二度ノ収獲アリト云フ、又桂枝(73)第一ノ産物トテ一ニ桂枝島ノ名アリ、象獣多ク現存スルトテ土人象牙ノ細工物其他亀甲金銀玉石類諸種ノ細工物ヲ鬻《ひさ》キ(74)旅客ニ向テ強賣スルコト言語道断ノ振舞ナリ、本朝ノ寺院ニ釈迦ノ御舎利ト称シテ僧侶宝蔵スル者ハ此ノ島ヨリ出ル麗石ナリト聞ク（夫レ釈迦ハ此ノ島ニ誕生セシトテ島人皆深ク仏教ヲ信ス、市外ニ至レハ大古釈迦存在セシト称《とな》フル所ノ寺院アリト馬車ニ駕シテ至ル、釈迦ノ墳墓アリ、土人其周囲ニ群衆シテ終日読経踊舞ス、守寺ノ僧侶予輩ノ日本人ナルヲ知リテ傍《そば》ニ来リテ曰ク、貴国ハ吾徒《わがと》ノ宗教ニ帰依ス故ニ愛情深シトテ両人ヲ僧侶ノ室ニ延《みちび》ク、僧侶ノ容貌恰《あたか》モ本朝ノ禅僧ニ似タリ、然レトモ裸体ニ衣ヲ纏《まと》ヒ裸足地上ヲ歩ス、且ツ黒質人種ニシテ頗ル醜形、能ク英語ヲ辨ス、座右英書ヲ堆積ス。時ノ変化知ルヘシ、此ノ島ニ「アダム」ト云フ高山(75)アリ、釈迦此ノ山ニ在リテ法ヲ説キ遂ニ登天シ今猶其ノ足跡ヲ遺《のこ》スト、土人ノ物語リナリ、嗚呼《ああ》

(73) **桂枝**：66頁の注(32)参照。
(74) **鬻キ**：見せびらかして商いをすること。
(75) **「アダム」ト云フ高山**：66頁の注(33)参照。

余今日此ノ地ニ至ルトハ実ニ意想外ノ事ニシテ或ハ夢カトモ驚ク心地セリ）此ノ地ノ土人モ全身黒クシテ唯眼光歯輝ノ照射スルノミ、過半ハ剃髪《ていはつ》ニシテ服装其他ハ殆ント新嘉坡ニ仝シ、髪アル者ハ長髪ニシテ全髪ヲ一束ニ結ヒ男女殆ント辨《わけ》シ難シ、容貌恰《あたか》モ仏像ニ似タリ故ニ本朝ノ五百羅漢堂内(76)ニ入リタル心地セリ、此ノ地、殊ニ椰子樹繁殖シ、路傍森林ヲナシ日光ヲ遮ル松竹ノ類ハ更ニ目撃セス、五月四日、亜細亜洲ト阿弗利加洲ノ境界ニアル蘓士《スエズ》(77)港ニ趣ク飛脚船、印度地「カルカタ(78)」ヨリ来ルト聞ク、即チ其船ニ抵《いた》リ室ヲ受取リ客舎ニ帰ル、翌五日午後五時乗舩ス、旅客大凡ソ三百余名トナル、日本ヨリ欧羅巴洲ニ渡ルノ間錫蘭島ヨリ阿弗利加洲亜歴山《アレクサンドリア》(79)港ニ至ルノ間ハ常ニ旅客最モ多シト云フ、是レ亜細亜洲諸邦日本・支那・印度等ノ諸港及豪州諸港ニ欧州諸国ヨリノ移住者本国ニ帰省シ、又以上諸港ノ土人欧州ニ趣ク者悉ク此ノ港ニ一集スレハナリ、日本ヨリ欧州ニ旅スル者ハ極メテ稀ニシテ印度地カルカタ及ヒ豪州諸港ヨリ欧州ニ旅ス

(76) **五百羅漢堂内**：66頁の注(34)参照。
(77) **蘓士**：スエズ。66頁の注(35)参照。
(78) **カルカタ**：コルカタのこと。66頁の注(36)参照。
(79) **亜歴山**：アレクサンドリア。66頁の注(37)参照。

ルモノ毎便最モ多シト云フ、故ニ「ピアノー」会社ノ飛客舩ハ数艘絶ヘス此ノ間ニ往復スト云フ、蓋《けだ》シ以上ノ地方ハ必ス有益ノ地ナラン、殊ニ豪州ニハ金坑アリ、此ノ地ニ至レハ大ニ利ヲ得ルモノ多シト云フ、千八百六十八年中豪洲ニ於テ製造シタル金貨ハ十六シルリオン磅《ポンド》ナリト云フ、五月六日ポエントゴール港ヲ抜錨シ尚印度海ヲ西方ニ向テ進ム、此ノ海上常ニ風波最モ劇甚ナリトテ大濤《おおなみ》日夜甲板ヲ踰《のりこ》へ、舩ノ震動劇甚ナルハ前航海路ヨリモ一層強シ、旅客食机ニ就カサルモノ多シ、日夜室内ニ在リテ舩心病ニ苦ム、予幸ニ舩心病ナク、故ニ一度モ食机ニ就カサルコトナシ、海上二千百三十余里(80)航海十一日間ニシテ五月十六日午後四時亜細亜洲亜拉比亜ノ地ニアル亜甸《アデン》(81)港ニ着ス此ノ港ハ紅海ノ入口ニアリ石山嶮絶《けんぜつ》一草木ヲ生セス、実ニ不毛ノ地ナリ、商法モ繁昌セス、唯航海舩石炭積入ノ為メ入港スルニ止ル者ト云フ、此ノ地モ英国ノ支配ニテ住人凡ソ万余アリト云フ、人質黒ク気候モ前ニ全シク炎熱殊ニ酷烈支那地香港ヨリ南方ニ向ヒ赤道ニ近接シ新嘉坡

(80) **二千百三十余里**：スリランカのゴールからアデンまでの直線距離は約三七五〇キロメートル。一里は約四キロメートル。二千百三十余里は、約八五二〇キロメートル。航行距離は直線距離の約二・三倍となる。

(81) **亜甸**：アデン。66頁の注(38)参照。

ヨリ此ノ亜甸港マテハ赤道ヨリ二、三度乃至《ないし》十度北方ニ寄ル所ニシテ四季ノ別ナク炎熱常ニ日本ノ暑中ヨリモ一層酷烈、旅客ノ常ニ苦辛スル処トス、此ノ間ハ熱帯地方ナレハ当然ノ事トス、此ノ港ニハ諸種ノ鳥類多ク殊ニ大鳥生存スルトテ其卵凡ソ縦五寸横三寸(82)ニシテ本朝ノ甜瓜《まくわうり》大ニ等シキ者ヲ見ル、土人諸種ノ美麗ナル羽翼ヲ鬻《ひさ》ク、旅客之ヲ購フ者多シ、土人ノ駱駝《らくだ》ヲ使用スルコト日本ノ牛馬ニ於ケルカ如シ、舩ハ石炭ヲ積ミ終リ仝日午後十一時抜錨シテ紅海ニ入ル、之ヨリ内海トナリ右ハ亜細亜《アジア》亜拉比亜《アラビア》地方、左リハ阿弗利加《アフリカ》洲ノ地方ニシテ此ノ間ハ即チ紅海ナリ、印度海ニ比スレハ赤道ヨリ北方ニ寄ルコト二十度ナレハ炎熱モ従テ減却スヘキ理ナリシニ左右ノ陸地ハ数百里ノ砂漠ニテ日光ヲ遮阻《しゃそ》スヘキ地物ナク其熱砂洪原ヨリ熱風吹キ来リ却テ熱帯地方ヨリモ炎熱厳酷ノ感アリ、熱骨髄ニ徹シ知ラス知ラス流涎《りゅうせん》(83)スルニ至ル、然レトモ海上穏カナルカ故ニ数百ノ旅客皆室ニ入ルコトナク甲板上ニ立チテ酷暑ニ苦悶ス、然ルニ温度ハ漸《よう》ク九十六度(84)

(82)**縦五寸横三寸**：66頁の注(39)参照。

(83)**流涎**：よだれを流すこと。

(84)**九十六度**：摂氏約三五・五度。

ヲ示シ偶々《たまたま》両岸砂山ノ最近部ヲ航進スルトキ甲板上ニ立チテ温度ヲ検スルニ忽然百三度(85)ニ昇ル、風ニ向テ呼吸スレハ将ニ窒息セントス、日本ヨリ印度海ヲ渡リ欧州ニ旅行スル途中諸人皆第一ノ熱苦トスル所ナリト云フ（此ノ時日本ノ五月中旬ニシテ西暦七月上旬ナリ）然レトモ海上平穏ニシテ船ハ畳ノ上ニアルカ如ク旅客中ノ令婦令嬢各々美装ヲ競ヒ毎夜甲板上ニアリテ或ハ歌ヒ或ハ楽器ヲ弄シ或ハ舞フテ納涼ス、男子モ亦之ニ合同スルモノアリ、歌声音調極メテ美麗ナリ、甲板上ニハ数十個ノ燈ヲ照シ旅客ハ勿論乗組ノ諸役人悉ク集会シテ歌舞音曲ヲ賞賛シ一曲了レハ一斉ニ拍手シテ其美調ヲ賞揚ス、此ノ有様ヲ見レハ貴婦人ノ容貌ト云ヒ歌舞音曲ト云ヒ吾々日本人ノ考ニテハ実ニ極楽世界トハ斯ノ如キモノ乎ノ感覚アリ、因テ熱苦ヲ忘レ知ラス知ラス深更《しんこう》(86)ニ移リ終《しまい》ニ覚エス座睡ニ就クモノ多シ、海路一千三百〇八里(87)航海六日間ニシテ五月廿二日午後一時、亜細亜洲亜拉比亜地ノ蘓士港《スエズ》ニ達シ岸ヲ隔ル二里余ノ処ニテ投錨ス、少時ヲ経テ小汽船二艘

(85) **百三度**：摂氏約三九・四度。

(86) **深更**：夜更け、真夜中。

(87) **一千三百〇八里**：ゴールからアデンの直線距離は約三八〇〇キロメートル。一里は約四キロメートル。一千三百〇八里は五二三二キロメートル。航行距離は直線距離の約一・三八倍となる。

来リ、旅客ヲ迎ヒテ上陸セシム、各々客舎ニ入リ飲酒スル者アリ食机ニ就クモノアリ、果実ヲ喫スルモノアリ一時休憩シテ汽車ノ来着ヲ待ツ、余市内ヲ巡覧スルニ此ノ地モ亦草木ヲ生セス、人家皆泥土《でいど》ヲ以テ築造ス、其不潔見ルニ忍ヒス、此ノ地素《も》ト亜細亜洲中亜拉比亜地ノ土地ナリシニ方今亜弗利加洲中埃及《エジプト》ニ奪掠セラレ其支配ヲ受クト云フ、埃及ノ軍隊砂漠ニ数十ノ天幕ヲ張リ野営ヲ敷ク者ヲ見タリ、此ノ港ハ埃及南岸ノ港ナリト云フ（此ノ時西暦一千八百六十九年ニシテ蘓士《スエズ》ヨリ亜歴山《アレクサンドリア》ニ至ルノ間即チ紅海ヨリ地中海ニ通スル蘓士運河ハ当時工事中ナリ、故ニ余ハ今回汽車便ヲ用フ）黄昏ニ至リ汽車来着ス、貨物旅客ヲ積ミ終リ鈴声ト共ニ汽車発動シ埃及ノ北岸亜歴山ヲ指シテ進行ス、陸地凡ソ三百里此ノ地方ハ不毛ノ地ニシテ飲用水ニ乏シク水價最モ貴シ、乗車スル者ハ皆素焼ノ水壜ヲ購フ、一壜凡ソ四合(88)ヲ充スモノニシテ其價凡ソ銀四分ノ一実ニ高價驚クヘシ、蘓士ヨリ亜歴山ニ至ル中程ニ「カイロー」(89)ト云フ一都府アリ、即チ埃及ノ都府ニシテ世

(88) **四合**：66頁の注(40)参照。
(89) **カイロー**：67頁の注(41)参照。

ニ高名ナル「ピラミエーデ」ト云フ石塔アリ、其丈ケ四十丈巾六十丈(90)アリ、四千年前ノ築造ニ係ルト云フ、往古国王ノ墳墓ニシテ所謂ピラミエーデ形ノ起源ナリ、予一夜間汽車中ニアツテ此ノ地方ヲ通過ス故ニ之ヲ見ス、此ノ地方ハ降雨極メテ稀ニシテ実ニ熱国ナリ、車内ニ在テ路傍ヲ見渡スニ渺茫《びょうぼう》(91)タル砂漠ノ郊原(92)幾百里ナルヲ知ラス、草木ヲ目撃セス実ニ不毛ノ地ナリ、路傍ノ田舎屋ハ泥土ノ丘堆ヲナシ、空洞ヲ穿《うがっ》テ住居トナス最モ不潔ヲ極ム、駱駝牛馬犬羊路傍ニ往来ス、風劇《はげ》シク砂塵五体ヲ掩《おお》ヒ眼ヲ開クコト能ハス塵除眼鏡ヲ用ヒサルヲ得ス、予生来始メテ汽車ニ乗シ其進行ノ迅速ナルコト実ニ驚怖セリ、車前直接ニ目撃スル者ハ皆ナ長形ヲナシ其正形ヲ見ル能ハサルノ感アリ、僅々十一時間ニシテ三百里(93)程ヲ通過シ翌廿三日午前八時亜歴山停車場ニ着ス、車扉ヲ開ケハ宿奴多ク群集シ旅客ヲ牽クコトニ競争ス、其雑踏ノ間、予等ハ知ラス知ラス馬車ニ乗リ客舎ニ投宿ス、此ノ地ハ埃及ノ支配ニテ一都会ヲナシ最モ繁華ノ地ナリ、広大ナル遊園アリ数

(90) **丈ケ四十丈巾六十丈**:一丈は三・〇三メートルで、高さ一二〇メートル、巾一八〇メートル。

(91) **渺茫**:広く果てしない様子。

(92) **郊原**:平原、野原に同じ。

(93) **三百里**:カイロからアレキサンドリアは鉄路で約三〇〇キロメートル。他の箇所で(英里)と表現し、一里=一キロとする表現があるから、この場合も三百里は三〇〇キロである。所要時間は十一時間とあるから、汽車の速度は時速二七キロとなるが、停車時間を勘案すれば時速は三〇キロ強と思われる。

個ノ池ヲ穿《うが》チ寒泉池水ヨリ湧出ス、然レトモ風烈シク泥塵ヲ吹キ被服帽上ニ寸積ス実ニ不潔ト云フヘシ、翌廿四日午前九時仝行ノ旅客数百人港ヨリ小汽船ニ乗リ飛脚船ニ移ル、此ノ港ヨリ地中海ヲ過キ「ヂブラルタル(94)」ノ瀬戸ヲ歴《へ》テ海上直チニ英国「サウサンプトン(95)」港ニ趣ク者ト仏国「マルセル」港ニ趣ク者ト二分ス、甲乙各々其飛脚船ニ移リ予等ハ「マルセル」港ニ趣ク飛脚船ニ乗ル、幾百ノ旅客中甲ハ僅カニ二、三十名ニ過キス、此港ヲ抜錨スルヤ地中海ヲ進航ス、予甲板上ニ立チテ港内ヲ顧望《こぼう》スルニ帆檣《はんしょう》(96)林立シ欧州諸国及ヒ亜弗利加・亜細亜諸国ノ国旗風ニ翻リ百千ノ高閣岸頭ニ連ル、炮墩《ほうとん》城壁又タ岸辺ニ敷ク要害極メテ厳重ナリ、市街ヲ去ルコト二里餘ノ処ニ岸辺宏大ナル一邸閣アリ、石ヲ以テ築造シ殊ニ貴威ノ風アリ、之ヲ傍人ニ問フ、答ヘテ曰ク、国王ノ貴女ハ悉ク此ノ邸ニ集リ嘗《かつ》テ結婚ヲ許サス男子禁制トス、誤テ一男此ノ邸内ニ入ルトキハ忽《たちま》チ捕ヘテ戮殺スト云フ蓋シ本朝ニ於ル尼宮ノ類《たぐい》ナランカ、船ハ漸々此ノ港ヲ遠《とおざ》カリ仏国マル

(94) **ヂブラルタル**：67頁の注(42)参照。
(95) **サウサンプトン**：67頁の注(43)参照。
(96) **帆檣《はんしょう》**：帆柱。マストのこと。

セル港ニ向テ進ム、海上内海ニシテ欧羅巴・亜細亜・亜弗利加三大洲ノ中間ニ位ス故ニ地中海ノ名アリ、赤道ヨリ北方ニ寄ルコト三十五度乃至《ないし》四十度ノ方位ニ當レハ炎暑大ニ減少シ支那香港以来始メテ涼気熱苦ヲ一掃シ体気和暢《わちょう》(97)倦怠頓《とみ》ニ癒タリ、且ツ波浪穏カニシテ船進平穏ナリ、海上一千四百十里(98)、五月廿九日午前十一時仏国マルセル港ニ投錨上陸ス、即チ始メテ欧羅巴洲ニ着セシモノナリ、此ノ港内数十ノ小島聳立《しょうりつ》シ、島頂各々倔強ナル炮塁ヲ築ク、陸地ニハ岸辺石造宏大ノ長塀ヲ連置シ要害最モ厳重ナリ、港内碇泊ノ帆船汽船夥多ニシテ数ヘ尽シ難ク昨日入ルモノアリ今日出ルモノアリ皆岸辺ニ連々仮碇シ艀船ヲ用ヒスシテ夥多ノ物貨旅客ヲ積卸ス、予等両人上陸客舎ニ入ル、市街極メテ繁華ナリ、四顧《しこ》仰俯《ぎょうふ》神機《(気カ)》妙工(99)ヲ尽シ一々辨識(100)スル能ハス、唯々《ただただ》一新世界ニ生レタル心地シテ驚愕スルノミ、四月三日本朝長崎ヲ去リ本日即チ五月廿九日此ノ港ニ着ス通計五十七日間ニシテ殆ント経過ス、地球ノ三大洲海路九千二百九十三里、陸地三百里合セテ

(97)**和暢**：のどかなこと。

(98)**一千四百十里**：アレクサンドリアとマルセイユの直線距離は、約三〇四〇キロメートル、一里は約四キロメートル、一千四百十里は五六四四キロメートル。航行距離は直線距離の約一・八五倍となる。

(99)**四顧仰俯神機妙工**：四方辺り一面、上を向いても下を見ても不思議な優れた趣の出来栄え。

(100)**辨識**：見分けること、理解すること

九千五百九十三里（英里）(101)長途ノ旅行疲労ヲ極メ且ツ今始メテ宿願ノ地ニ達シ聊《いささ》カ安心スル所アリ、客舎ニ入ルヤ直チニ寝床ニ入リテ熟睡長夢ニ入ル、左ニ其夢物語リヲ記ス。

逍遥山中ニ遊フ、山腹渓流ノ辺リ白髪ノ一翁茅《かや》ニ坐シテ釣漁スルヲ見ル、進ンテ其傍《そば》ニ至ル、翁顧《かえりみ》テ曰ク汝何処《いずこ》ヨリ来ルヤ、対《こたえ》テ曰ク、予ハ亜細亜洲日本ノ人始メテ欧羅巴《ヨーロッパ》洲ニ渡ル者ナリ、翁曰ク汝万里ノ波濤ヲ渡リテ茲ニ来ル途中観過スル所ヲ語レ、予ノ曰ク支那地上海港ヨリ此ノ地ニ至ル迄寄港スル各地ヲ巡覧スルニ悉ク英国ノ領地タリ、海陸ノ兵備アリ要害堅固市内ニハ提銃ノ守衛卒ヲ配置シ臨時ノ暴漢ヲ警《いま》シム、囚徒ハ鐵鏈《てつれん》ヲ以テ腰ヲ繋キ監守之ニ属シテ石工・土工・木工運搬ノ分業ニ就カシメ其他道路河流溝渠土工塵芥ヲ掃除セシメ至ル処頗ル清潔ナリ、土地ノ大小ニ応シテ学校・寺院・病院・郵便局・電信局・新聞局・瓦斯《ガス》局等ノ設アリ、男女老少ヲ普《あまね》ク教育シ病難ヲ救ヒ遠近ノ地方ニ不拘《かかわらず》物資、旅客、通信ノ便益ヲ謀《はか》リ、急事アレハ百千里ヲ

(101)九千五百九十三里（英里）：一英里を一キロメートルとしている。九五九三キロメートル。その内海路は九二九三キロメートル、残り三〇〇キロメートルは、スエズからアレクサンドリアの鉄道路。

隔ツト雖モ瞬間ニシテ信ヲ通シ新聞紙ハ過去、現在、未来ノ雑事ヲ記シテ社会ヲ風諫懲戒《ふうかんちょうかい》(102)シ政談、学説、技芸、各国ノ事情、諸家発明ノ物件等ヲ日々紙上ニ刊行シテ普《あまね》ク社会ニ通知或ハ訓導ス、夜間道路通行ノ人ハ常夜街燈アリテ提灯ヲ要セス瓦斯《ガス》ヲ人家ニ導キ油燈ヲ用ヒス、以上ノ事業多クハ会社法ニ成リ国土市街人民ノ警衛及ヒ施政ハ各政府ノ管轄スル所上下協力以テ普ク社会ニ自由ヲ布キ自ラ人智学識進歩シ日新ノ物理次第ニ開ケ商法ノ道従テ繁昌ス、土人ハ乞丐《かたい》(103)ニ至ルマテ能ク英語ヲ弁ス、是皆教育風俗ノ然ラシムル所ニシテ実ニ美事ト云フヘシ、尚ホ予カ途中筆記スル所ノ旅行紀事アリ、願クハ之ヲ一閲セラレンコトヲ。翁之ヲ採リテ少時一閲了リテ曰ク、曽《かつ》テ聞ク日本ノ人大和魂ト称スル者アリト何ソヤ、予曰ク、翁ハ既ニ春秋(104)ニ富ム、何ソ未タ乳臭ヲ脱セサルヤ、日本人モ亦人ナリ、世界各国其島其国ヲ異スト雖モ豈敢《あにあえ》テ社会ニ処スルノ主義ヲ異ニシ得ヘケンヤ、四海皆同胞ナリ、抑《そもそ》モ天神億兆ノ人獣、事物ヲ地球上ニ生シ其生アルモノ

(102) **風連懲戒**：教化して諫め、不正を懲らしめること。

(103) **乞丐**：物乞いをする人、乞食。

(104) **春秋**：この場合は年齢。

ハ神霊ノ治気(活カ)ヲ附与シテ生育致知ノ道ヲ授クル者ナリ、就中《なかんずく》人間ハ此ノ天賜ヲ奉戴シテ士農工商技芸ノ分ヲナシ各其分ニ拠リテ生育致知ノ道ヲ務メ天與ノ洪恩ニ報フヘキモノトス乃チ士ハ官吏トナリ政権ヲ握リ国土人事ヲ整理ス、是ニ依リテ庶民各専業ニ従事シテ安穏生育スルコトヲ得ヘシ、是レ即チ天理ニ依リテ天神ニ報フルノ道ヲ務ムルモノトス、如斯《かくのごとく》説キ来レハ国土ハ社会ノ天賜ニシテ、特《ひと》リ皇土或ハ王土ト云フヘカラス、即チ民土ナリ、王皇モ亦人民ノ一《ひとつ》ニシテ社会整理者ノ一ト云フヘシ、然レハ即チ貴賤強弱貧富智愚皆天民ニシテ相共ニ協同親和シ常ニ天道ニ仔々《しし》(105)勉励シテ天神ニ報フヘシ、豈敢《あにあえ》テ貴ハ賤ニ誇リ富ハ貧ニ驕リ強ハ弱ヲ卑シミ智ハ愚ヲ侮ルヘケンヤ然レトモ古来此ノ正道ニ返逆スルノ風俗天地間ニ流行シ各々天神ノ意ニ逆戻シテ却テ茲ニ安ンス、天神豈痛哭セサランヤ。

　方今欧米諸国ニハ博識鋭智卓見ノ輩群出シ、日新ノ物理ヲ窮メ天與ノ霊機活用ノ道ニ長ス、万国ノ庶民皆此ノ長所ヲ学ンテ以テ博学聰明

(105)仔々：熱心に励むこと。

トナリ進化スヘキハ天神ニ報フルノ大道ナリ、抑《そもそ》モ地球上各島各国言語文字風俗制度ヲ異ニスルハ協同親和事物改進ノ道ニ於テ最モ困難ノ事トス、普天(106)ノ下言語文字風俗制度ヲ一致シ、各々長所ヲ以テ専科トナシ普《あまね》ク之ヲ他人ニ頒チ日新格物致知《かくぶつちち》(107)ノ道ヲ満天下ニ普及セシムヘキハ目下社会ノ急務トスル所ナリ、夫レ支那ノ文字制度ヲ専用スル人類猶未タ多シ、我日本国モ専ラ此ノ制度ニヨル、此ノ制度ハ方今社会ニ向テ有害無益ナリ、啻《ただ》ニ彼地ノ風俗事情ヲ知ルカ為メ聊《いささ》カ研究シテ睡眠ヲ慰スルモ敢テ妨ナシト雖モ苟《いやしく》モ之ニ沈溺スエカラス、日新ノ物理ニ通シ天與ノ霊機活用ノ道ニ入ラントスルトキハ必ス欧米ノ言語文字ヲ修メ、以テ社会一般ノ文字通語トスルハ目下ノ急務トス、此等ノ事ハ既ニ着眼スルモノ往々《しばしば》之アリ、何ソ予カ言ヲ竢《ま》タンヤ、抑《そもそも》欧米諸国ノ言語文字ニ於テハ広ク天下ニ普及スル者ヲ尚《たっと》フ、方今英国ノ言語文字ハ最モ広ク天下ニ普及ス、故ニ此ノ国語文字ヲ以テ万国通用ノ言語文字トスルヲ最モ便法トス、予日本人ヲシテ天ノ大道ヲ

(106) **普天**：あまねく覆い尽くしている空。

(107) **格物致知**：儒学の言葉で、朱子学では物の理をきわめてその極に至り、知識を完全にすること、陽明学では物事の善悪を正して、先天的な生まれつきの知能の働きを完全にすること。

知リ改進セシメントスルニ説アリ、請フ篤《とく》ト之ヲ聴キ然ル后教訓ヲ垂レヨ、抑《そもそ》モ日本人民ヲシテ言語文字ヲ英俗ニ化セシメントスルニハ（第一）国有の国語ハ、古来ノ文字ヲ廃シ羅馬《ローマ》字ヲ以テ在来ノ国語ヲ蟹行《かいこう》文字(108)ニ変体スヘシ、（第二）内国各地ノ大小ニ応シテ各村落ニ相当ノ幼稚院ヲ設ケ各院ニハ日本人ノ英語ニ通スルモノ若干ヲ置テ院父トナシ英国ノ婦人若干ヲ置キ之ヲ院母トナス、又数多ノ士人少女ヲ置キ之ヲ子守トナス院児ノ多少ニ依リテ職員ノ数ヲ定ム、稍々《やや》大ナル町村ニハ其位置ヲ斟酌シ是ニ加フルニ小学校若干ヲ置キ相当ノ英人教師ヲ置ク、而シテ全国各藩適当ノ位置ニ中学校ヲ設ケ英人教師ヲ置ク、大都府ニハ大学校ヲ設ケ各国専門長技《ちょうぎ》(109)ノ大教師ヲ置ク、（第三）日本全国（僻地村落ニ至ルマテ）内ニ於テ一児誕生スルトキハ男女ニ関セス貴賤貧富ヲ問ハス悉《ことごと》ク実父母ノ手ヲ放チ其乳児ヲ各地ノ幼稚院ニ移シ牛乳ヲ以テ養育シ院父母ハ相当ニ之ヲ養育シテ日本古来ノ改正言語及ヒ英国ノ言語ヲ以テ朝夕教訓ス、如斯《かくのごとく》シテ院児七歳ニ至レ

(108) **蟹行文字**：横書きの文字。

(109) **長技**：特異な技能。

ハ幼稚院ヨリ小学校ニ移シ、習字・語学・読書・文法・作文・画学・唱歌・数学・地理・修身・歴史ノ初歩ヲ教育シ、十五歳迄ニ卒業スレハ小学校ヲ去リテ中学校ニ移シ高等ノ学科ヲ授ケ中学卒業ノ後、専門大学校ニ移シ政治・兵法・測量・航海・文学・工学・理化学・医学・鉱物・器械・商法等ノ諸学各々好ム所ニ随テ教授ス

方今亜細亜洲中羅馬《ローマ》文字及ヒ英語ヲ用ヒサルノ地方ハ支那内地ヲ除クノ外カ甚タ尠《すくな》シ、近来耶蘇教モ侵襲蔓延セリ、猶支那ノ文字、制度、風俗ヲ専用スルハ日本ト朝鮮トナリ、故ニ人民痴昧《ちまい》(110)ニシテ日進ノ物理ニ疎ク神気固陋《ころう》(111)ニシテ各国ニ連立スルコト能ハス、全一地球上ニアル天民ニシテ目今《もくこん》ノ如ク欧米諸国ノ侮辱ヲ受ケ国家日々ニ衰微ニ傾クハ遠カラサルヘシ、然レトモ教ヘサルノ民ヲシテ急ニ之ヲ責ムルトキハ却テ人心紛乱国家ノ命脈ヲ短縮スヘシ、故ニ我日本国ノ人民ハ大改革ノ制度内ニ生活セシメ徐々ニ言語・文字・風俗・制度ヲ一変シ以テ智識ヲ磨キ天與ノ霊機活用ノ理ヲ知リ天神ニ報フヘキ大道ヲ知

(110) **痴昧**：おろかで無知なこと。
(111) **神気固陋**：精神が頑なこと。

ラシムルコト目下ノ急務ニシテ暫《しばら》クモ忽《ゆるがせ》ニスヘカラス、如斯《かくのごとく》スルトキハ自ラ人民改進シテ国家富強シ各国ニ連立シテ天民ノ天民タル本文ヲ失ハサルニ至ルヘシ、本立テ道成ル何ソ姑息ノ制度ヲ須《もち》ヒンヤ、泉源ナキノ河流ハ忽《たちま》チ涸レ無根ノ樹木ハ直ニ枯ル嗚呼今日予モ亦仝一日本人中ノ一人ナリ、身ハ一書生、卑ニシテ権ナク財ナク當路《とうろ》ノ人(112)ニ説テ此ノ大改革ヲ行ハント欲スルモ学識智力共ニ乏シク之ニ當ルヘキ材料ナラス、之ヲ考フレハ如何トモ処スル所ヲ知ラス、唯天地ニ俯仰《ふぎょう》シテ号叫煩悶顚伏《ごうきょうはんもんてんふ》シテ一身措《お》ク所ヲ知ラス、以上ノ所説吾カ地球上ニ生存スル天民タルモノ、報天心ニシテ亦タ日本ノ大和魂ト称スルモノ是ナリ

翁咲《わらっ》テ曰ク汝未タ乳臭ヲ離レス僅カニ地球上一部分ヲ観過シテ以テ天下観徹ノ憶説ヲ吐露ス、汝時勢と人和トヲ知ラス深ク顧慮《こりょ》スヘシ、汝将ニ済世治民報天ノ志ヲ抱カハ先ツ欧州諸国ニ入リ各国ノ制度歴史ヲ観察シ博学ノ大家ニ就キ汝ノ技芸心膽《しんたん》ヲ錬磨スヘシ、然ル后再会ヲ

(112) **當路ノ人**：重要な地位にある人。

期スヘシト言終ルヤ釣竿ヲ河流ニ抛《なげう》チ飛テ之ニ乗シ流ニ順《より》テ去リ其之《い》ク所ヲ知ラス、時ニ時鐘耳ヲ破リ長夢ヲ驚カシ疲眠始メテ覚メタリ、此ノ時正ニ明治二巳歳六月一日正午ニシテ仏国マルセル市客舎窓下ノ寝床ニアリ

　五月二十九日マルセル港ニ着シ客舎滞在一月(113)（六月朔日但シ五月ハ小ノ月ニシテ二十九日ナリ）六月二日午前一番汽車ニテ「マルセール」発車「リヨン(114)」市ヲ経テ仝夜九時頃巴里府《パリ》ニ着ス、宿奴多ク馬車ヲ率テ客ヲ迎フ、之ニ乗シテ巴里府「グランドホテル」ニ投宿ス、滞在三日間仝藩黒川誠一郎ニ面会シ市内ヲ巡覧ス、予カ此ノ地ニ到着スル二、三日前恰《あたか》モ第三世奈勃翁《ナポレオン》陛下(115)車上ニ在リテ第二回狙撃ニ罹《あわ》リシ時トス、英国倫敦《ロンドン》府滞在稲葉助五郎ノ許《もと》ニ至ラントシテ六月六日午前二番汽車ニテ、英国倫敦府ニ向ヒ発程《はってい》ス、夜ニ入リ倫敦府ニ着シ「チヤェリンクロスホテル」ニ投宿ス、滞在一周間（週の意）、到着ノ翌日稲葉助五郎ノ寓所ヲ訪フ、神戸清右衛門、不破與四郎仝居ス、藩命ノ趣

(113) **客舎滞在一月**：マルセイユのホテル滞在は一日の誤字と思われる。

(114) **リヨン**：67頁の注(44)参照。

(115) **第三世奈勃翁**：ルイ・ナポレオン三世。67頁の注(45)参照。

ヲ稲葉助五郎ニ伝達シ稲葉氏曰ク本朝ニアリシトキハ諸種ノ大望ヲ計画セシモ欧羅巴洲ニ渉《わた》リシ以来、己《(已の誤カ)》然ノ志想全ク一変シ何トナレハ言語不通自己ノ志想(116)ヲ他人ニ語フル能ハス、又タ他人ノ言フ所モ予カ耳ニ暁《さと》ラス、恰《あたか》モ初生児ノ如シ、故ニ今日ニ至ルマテ三ヶ月ノ間此ノ地ニ滞在スルモ未タ何事モ着手スヘキ志気起ラス、唯々前非ヲ悔ヒ進退処スル所ヲ知ラサルナリ、於是《これにて》吉井氏ト謀リ稲葉氏一人ニ帰朝旅費ヲ與ヘテ出発セシメ他ハ欧州ニ足ヲ駐メテ留学シ、稲葉氏ヲシテ前罪ヲ償ハンカ為学生五名留学ノ事ヲ尽力セシメントス、藩命ノ許可アル迄ハ今回携帯ノ二萬弗為換《(為替に同じ)》証書ヲ以テ学費継続ノ見込トス、吉井氏ハ稲葉氏ト共ニ帰朝ノ精神ナリ、黒川誠一郎ハ仏国巴里府ニアリ、馬島健吉ハ和蘭国「ユトレフト(117)」町ニアリ、此ノ両名ヲ倫敦府ニ呼ヒ全藩学生五名（神戸・不破・黒川・伍堂・馬島）会合シテ此ノ事ヲ議シ稲葉助五郎ヲ説諭ス、稲葉曰ク、予既ニ藩命ヲ俟《ま》タスシテ欧州ニ渉《わた》リ大罪ヲ犯ス者ナリ、然ルニ今回伍堂氏ノ来航ハ藩命余カ罪ヲ責ム

(116) **志想**：望んだこころざし。

(117) **ユトレフト**：ユトレヒト。67頁の注(46)参照。

ルコトナク剰《あまつさ》ヘ準備金ヲ送ラレテ余始メ神戸・不破・黒川・馬島ノ帰朝ヲ命セラル藩知事ノ仁恵深ク謝スルニ言葉ナシ、然ルヲ猶ホ学生ヲ留メテ余独リ帰朝ノ上学生留学認可ノ事ヲ尽力スヘシトハ藩知事ノ仁恵深キニモ不拘《かかわらず》、罪ニ罪ヲ重ヌルノ理ナレハ卿等ノ希望ヲ承諾スル能ハスト、学生等曰ク、卿帰朝の上、国家ノタメ一身ヲ抛《なげうっ》テ此ノ尽力ニ従事スヘシ、今余輩《よはい》帰朝スル時ハ今日迄消費セシ所ノ大金ハ恰《あたか》モ海中ニ投シタルト同一ニシテ且ツ更ニ帰朝旅費ヲ加フ、金沢藩庁ニ於テハ今回伍堂携帯スル所ノ二萬弗ハ償却スルモ苦シカラサル見込ナリ、故ニ余等往復ノ旅費ヲ活《いか》シ此ノ二萬弗ヲ以テ五名ノ学費ニ充ツレハ四ヶ年間留学シテ他日国益ヲ挙クルニ至ルハ論ヲ俟《ま》タサル所ニシテ卿ノ犯罪モ幾分カ軽減スル所アリ、飽マテモ卿単独急《すみや》カニ帰朝シテ此ノ事ニ尽力シ国家ノ為メ一命ヲ棄ツヘシト強迫ス、稲葉氏茲ニ於テ漸《ようや》ク承諾シ然レトモ二萬弗ノ為換証ハ余之ヲ携帯シ帰朝ノ上藩庁ニ返納シ卿等留学ノ事ハ身命ヲ抛テ尽力スヘシ答ヘタリ、而シテ稲葉氏ハ吉井氏ト共ニ米国ニ渉リ太平洋ヲ経テ帰朝ス、神戸、不破両人ハ倫敦府ニ止リ、黒川ハ巴里府ニ帰リ、伍堂、馬島両人ハ和蘭国「ユトレフト」町ニ帰リ各々修業ニ従事ス

「ユトレフト」町ニ到レハ馬島健吉ハ嘗《かつ》テ福岡藩医学生武谷《たけや》俊三(118)、同赤星研造(119)ト同居ス、余モ此ノ家ニ一時寄留スルコト凡ソ半ケ月和蘭国陸軍々医総監「ファンハッセルト」氏（「アムステルダム」(120)ニ居住ス）直チニ余ヲ訪問シ爾来滞在中月一回ハ必ス訪問アリ（今回余等カ「ユトレフト」町滞在ニ就テハ独商「アデレヤン」氏）ヨリ注意方同人ニ依頼セシ者ノ如シ、故ニ和蘭国ヲ去ラントスルニ際シ「アデレヤン」氏ノ諭示ニヨリ一ヶ月蘭金一百ギルデム宛ノ割合ヲ以テ仝氏ニ謝義ヲ送レリ）滞在中屡々《しばしば》「アムステルダム」府ニ往復ス（「アムステルダム」、「ユトレフト」間ハ汽車一時間行程ナリ）和蘭国ドルトレフト(121)町ニ留学スル長藩村田亀太郎及ヒ普国留学ノ会藩医学生馬島瑞謙（後チ小松済治《せいじ》(122)ト改名ス）屡々《しばしば》「ユトレフト」町ニ来遊シ余等ノ寓居ニ寄宿ス、余熟々考

(118) **武谷俊三**：67頁の注(47)参照。

(119) **赤星研造**：67頁の注(48)参照。

(120) **アムステルダム**：67頁の注(49)参照。

(121) **ドルトレフト**：ドルトレヒト。68頁の注(50)参照。

(122) **小松済治**：会津藩士、ドイツのハイデルベルク大学留学。馬島瑞謙は彼の父で伍堂の誤解か。当時、小松が父と同じ名を名乗っていたのかもしれない。

フルニ日本人ノミ同居スルハ甚《はなは》タ便利ナルモ語学ヲ学フニ不利ナルコトヲ悟ル、故ニ独《ひと》リ仝市内某家族（欄外：某家族トハ「マダムセルベルヘル」ナリ）ヲ依頼シテ之ニ転居シ武谷、馬島等ト分離シ日々教師ヲ招聘シテ和蘭語学ヲ修メ毎朝乗馬学校ニ到リ乗馬術ヲ練習ス、明治二年八月普国「ギーゼン(123)」町ニアル「アデレアン」氏「アムステルダム」府ニ来リ、金沢藩ノ為メ医学教師雇入条約ヲナスヘクニ付会合スヘキコトヲ通知ス、依テ直チニ「アムステルダム」ニ出府ス、当時恰《あたか》モ会藩馬島瑞謙来遊中ニ付、同氏及ヒ武谷俊三ヲ条約通弁方ニ依頼シ同行ス、神戸清右衛門ハ之カ為メ倫敦府ヨリ来会シ西暦一千八百六十九年九月廿二日（我明治二年八月上旬）「アムステルダム」府ニ於テ同国陸軍一等軍医（少佐相当）ペイ・ア・スロイス(124)氏ヲ金沢藩へ雇入レ、一箇年後《の》チ赴任、日本到着ノ日ヨリ起算シ三箇年ノ期限トシ日本加賀国金沢ニ至レハ医学校ニ於テ医学生徒ヲ教授シ並ニ病院内外患者ノ治療ニ従事シ、月給ハ洋銀四百弗(125)ト定メ日本国

(123) **ギーゼン**：68頁の注(51)参照。
(124) **ペイ・ア・スロイス**：68頁の注(52)参照。
(125) **洋銀四百弗**：洋銀はメキシコ銀のこと、墨銀、どるらる銀銭などとも呼ばれ、幕末維新期に最も多く使用された貨幣。慶応二年に加賀藩がロレイロから陸蒸気器械類を購入した際の締約書によれば、七千四〇〇ドルラルは四千九九五両、ドルラル百枚につき六七両二歩替の記録がある。この事から四百弗は、二七〇両となる。

ノ一港へ到着ノ日ヨリ給与シ旅行仕度金トシテ月給二ヶ月分ヲ前借セシメ旅費トシテ片道洋銀七百弗ヲ払ヒ金沢ニ於テ住家ヲ貸渡スコトニ条約調印ス、此ノ条約結了後「アムステルダム」宿舎ニ於テ神戸、馬島（瑞謙）等ト会話中、余熟々目下日本国ヨリ欧州諸国ニ留学スル学生ノ景況ヲ観察スルニ学事ニ熱心勉励スル者少ナク、多クハ不品行ヲ極メ其口実トスル所語学ニ練熟スルニハ勉メテ婦人ト交際ヲ親密ニスルニアリトス、余該《その》景況ヲ看テ憤懣ニ堪ヘス、是等ハ本国政府ニ対シ国賊ノ名ヲ附スルモ敢テ誣言《ふげん》(126)ニアラスト信ス、余カ今回ノ洋行ハ素ヨリ大望アリシニモ拘ラス目下「ユトレフト」町ニアリテ日々修ムル所ノ課業ハ小学課程ニ止リ習字、語学、数学、読本ノ類ニシテ藩知事ニ夥多ノ学費ヲ払ハシメテ留学スヘキ価値ナキヲ悟リ大ニ慷慨嘆息《こうがい》(127)シテ止マス、今此ノ事ヲ知リテ猶之ヲ犯スハ余モ亦国家ニ対シ国賊ノ罪免レ難シ、是ニ於テ神戸氏ニ謀テ曰ク同藩留学生ハ悉ク皆帰朝セシメ藩政ノ徒費《とひ》(128)ヲ省キ藩下人民一般ニ必要ナル教育法ヲ考ヘ教

(126) **誣言**：ないことをあるように言うこと。
(127) **慷慨嘆息**：憤って嘆き、ため息をつくこと。
(128) **徒費**：無駄使い。

師数名（英語学・理化学、鉱物学、機械学）ヲ雇入レ各科必要ノ教育材料ヲ購入シ急《にわ》カニ帰朝シテ金沢藩下一般ノ進歩ヲ図ルハ余輩ノ急務トスル所ナリ、豈《あに》我々一箇人ノ利益ヲ計リ欧州ニ留学シテ多額ノ藩費ヲ棄却シ藩政ノ衰憊《すいはい》(129)ヲ招カンヤト、神戸氏ハ即決仝意ス、次テ他ノ仝藩学生ニ謀ルモ賛成スル者ナシ、故ニ余神戸両人決心、此事ヲ実行スルコト丶シ、馬島瑞謙ヲ通弁方トシテ同伴シ某日普国「ギーゼン」町ニ赴キ「アデレヤン」氏ニ此ノ事ヲ謀ル、同氏大ニ賛成ス、依テ教師捜索・教育材料買入方ヲ嘱托シ、語学教師ハ英人ヲ其他ハ独逸人ヲ撰抜スヘキ事ニ決ス、依テ教授通弁役トシテ馬島瑞謙ヲ金沢へ雇入レソレカ為メ馬島氏留学中ノ負債及ヒ帰朝旅費（凡ソ洋銀二千弗）支払フへキコトニ内約ス、斯ノ如キ大事ニシテ余神戸両人ノ専断ヲ以テ実行セシハ藩政ニ対シテ亦其罪軽カラス故ニ神戸氏ハ駐《とどまっ》テ諸条約ヲ決了シ、余ハ直チニ帰朝シテ藩庁ノ認可ヲ嘆願センコトニ議決シ余ハ直チニ神戸氏ニ別レテ「ユトレフト」町ニ帰リ明治二年九月下旬旅装ヲ整テ帰

(129) 衰憊：衰え疲れること。

朝ノ途ニ上ル、仏国巴里府ニ到リ黒川誠一郎ニ面会シ三日間滞在「リヨン」ヲ歴テ「マルセール」ニ出、同港ニテ英国ピヤノー社の便船ヲ求メ地中海、紅海、印度海、支那海ヲ歴《へ》テ仝年十二月廿八日、日本肥前国長崎港ニ帰着ス

明治二年十二月廿八日、肥前国長崎港ニ帰着スルヤ舊主本多播磨守金沢藩知事ノ殿中（旧金沢城二ノ丸）ニ於テ暗殺セラレタルノ訃音《ふいん》(130)ニ接シ驚愕愁傷、落胆狼狽惘然為ス所ヲ知ラス、抑《そもそも》余カ今回此大事ヲ企図スルヤ素ヨリ国家ノ為メ一身ヲ犠牲ニ供シ果断専行スル者ナリト雖モ其拠ル所、全《まった》ク旧主本多播磨守ノ金沢藩政ニ全権タルヲ以テ報国心ノ微衷《びちゅう》(131)ヲ上申セハ必ラス採用セラルヘキ考案ナリシ、是以テ大ニ驚愕慨嘆セリ、然レトモ躊躇スル所ニ非ス、急《にわ》カニ帰藩ノ上藩庁ニ之ヲ上申セサルヘカラス直チニ長崎港出帆神戸港ニ着シ陸路昼夜兼行シテ明治三午年正月三日金沢ニ帰着シ御用始メニ藩庁ヘ出頭シ学政所大属岡島喜太郎、同岡田與市両氏ニ就キ詳細事ヲ上申シテ謹慎命ヲ待

(130) **訃音**：死んだ知らせ。

(131) **微衷**：わずかながらの真心。

ツ、庁議速ニハ運ハス、屢々《しばしば》学政所ニ呼出アリテ問答数回ニ及フ然ルニ仝年二月三日金沢医学館(132)副教師申付ケ日々出勤スヘシト命セラル、欧州ニ残駐セシ神戸清右衛門ハ普国「ギーゼン」ニ於テ諸条約決了後小松済治ヲ伴ヒ同月帰藩シ仝人ヨリモ具ニ上申ス、然ルニ小松済治ハ日数二十日間余神戸方ニ滞在シテ脱走行衛不分明トナル、仝年三月二十日藩庁ヨリ呼出シアリ、岡島大属曰ク医学教師ハ雇入ルヘクモ他ノ四名ハ目下ノ藩政之レヲ雇入ルヘキ資力ナキヲ以テ認可シ難シ、故ニ皇国中大政府或ハ他藩ヘ譲與スヘキ考案ナキヤノ尋問アリ、余答ヘテ曰ク縦令《たとえ》其策アルモ金沢ニアツテハ事ヲ計《はから》ヒ難シ、京坂地方及ヒ長崎ニ派遣セシメラルヽナレハ何トカ周旋スルノ途アルヲ以テス、是レニ依テ三月二十二日医学館副教師免セラレ医学通弁御用トシテ肥前国長崎ヘ差遣シ手当金トシテ一ヶ月金二拾五両宛給與スヘキノ辞令ヲ受ク、直ニ金沢出発大坂ニ出府シ独人理化学教師(133)ヲ大坂理化学校ヘ英人機械学教師(134)ヲ兵庫製鉄所(135)ヘ傭入ルヘキコトニ一決シ鉱学

(132) **金沢医学館**：68頁の注(53)参照。

(133) **独人理化学教師**：68頁の注(54)参照。

(134) **英人機械学教師**：68頁の注(55)参照。

(135) **兵庫製鉄所**：69頁の注(56)参照

教師(136)及ヒ英語学教師(137)ハ他ニ譲與スヘキ途ナキコトヲ大阪ヨリ金沢藩庁ニ上申シ、余ハ長崎へ赴キ医学通弁修業ニ従事ス、仝年七月藩政改革ニ依リ春閣金沢藩一代士族ニ列セラレ従前ノ通リ年中十五俵ヲ賜フ、仝年十月八日長崎在学中金沢ニ於テ妻錦子一女子ヲ分娩シ孩児《がいじ》(138)ハ直チニ死亡ス、釈妙音ト法名ス、妻ハ続テ病蓐《びょうじょく》(139)ニアリ、明治四年五月廿日終《つい》ニ鬼籍ニ入ル散萃院ト法名ス、明治三年十一月長崎在学中金沢医学館文学四等教師分課医学通弁係申付ラル、仝月条約ノ諸教師神戸及ヒ横浜へ到着ニ付出迎スヘキ旨金沢藩庁ヨリ命令アルニ依リ直チニ上坂ス(同月二十七日兵部省大坂出張所ヨリ大坂藩邸へ向ケ春閣御用召ノ達シアリ藩邸ニ於テハ本藩庁へ問合セノ上、藩庁ニ於テハ春閣義目下藩中必要ノ人物ニシテ難為応召旨議決セルニ由リ兵部省大坂出張所へ其旨申出タリ、故ニ春閣ハ此ノ朝命ニ応シ得サリシ、当時在坂ノ緒方玄蕃正ニ就キ御用ノ趣ヲ問合セタルニ今般橋本琢磨(140)〈橋本綱常氏ノ通称〉洋行可被申付、其代職即チ大学医学校医学通弁職申付ケ月給八十両給与スヘキトノ内意アリ)藩ノ大

(136) **鉱学教師**:69頁の注(57)参照。
(137) **英語学教師**:69頁の注(58)参照。
(138) **孩児**:乳呑み児。
(139) **病蓐**:病の床。
(140) **橋本琢磨**:69頁の注(59)参照。

属浅津富之助(141)（后チ南郷茂光ト改名ス）教師出迎主任トシテ出張ニ付、仝年十二月下旬同人ト仝行、更ニ江戸表ニ下リ明治四未年正月横浜ニ到リテ医学教師蘭人スロイス氏ヲ迎フ、然ルニ和蘭国留学生福岡藩武谷俊三随行帰朝シ、スロイス氏ヨリ通弁職トシテ同人ヲ金沢藩ヘ傭入レタキ旨申出ニヨリ月給八十両ニテ雇入レノコトニ決定シ、一同更ニ上坂神戸ニテ鉱学教師及ヒ語学教師ヲ迎ヒ仝年三月下旬教師三名ヲ伴ヒ大坂ヲ歴《へ》テ伏見ニ出テ近江越前地ヲ陸行シテ加賀国ニ入ル途中越前国敦賀港ニ一泊中語学教師「リッテルウヲード(142)」氏ハ天然痘ニ感染シ大聖寺町ニ到リ熱発甚シク全身発疹、旅行ニ堪ヘサルニ依リ同地宿舎ニ駐《とど》メ他ハ仝年四月二日金沢ニ帰着シ、二教師ヲ金沢大手町外国教師館（元寺西邸）ニ入レ翌三日医学教師スロイス氏医学館文学三等教師田中信吾(143)、武谷俊三及ヒ余ノ四人ハ直チニ大聖寺ニ出張シ「リッテルウヲード」氏ノ治療百法手ヲ尽スト雖モ益々危篤ニ陥リ薬力効ナク仝夜終《つい》ニ鬼籍ニ入リタリ、故ニ遺骸ヲ仝地ニ埋葬シテ金沢ニ

(141) **浅津富之助**：69頁の注(60)参照。

(142) **リッテルウヲード**：既述の英語学教師。イギリス人、バーナード・ジョージ・リトルウッド。

(143) **田中信吾**：70頁の注(61)参照。

帰ルニ教師ノ教場整頓ノ後、各々授業ヲ始ム、余ハ医学館ニ於テ武谷俊三ト共ニ医学教授幷ニ病院内外患者治療ノタメ通弁ノ職ヲ務ム、爾来明治七年九月ニ至ルマテ金沢医学校(144)ニ於テ医学教授、仝病院ニ於テ医員ノ職ヲ兼務ス、然ルニ当時台湾蕃地外征ノ役(145)アリ、仝年九月　朝廷ノ召ニ応シ仝十月上京、陸軍省ニ出身シ一時東京本病院ニ勤務シ仝年十一月肥前国長崎筑前国博多肥後国熊本ニ出張シテ台湾ノ役ニ罹ル傷病者ヲ治療シ、翌明治八年四月帰京、東京ニ於テ砲兵隊附ニ転任シ、仝九年十月千葉県下総《しもうさ》国佐倉兵営ニ在勤シ、仝十年三月東京本病院附ニ転任シ、当時十年西南ノ役(146)起リ大坂ニ出張シテ仝地臨時病院附トナリ西南ノ役負傷者及病者夥多ノ治療ヲナス、仝年十二月帰京後、明治十四年四月ニ至ルマテ陸軍々医本部ニ出仕シ仝月加賀国金沢兵営聯隊附医官ニ転職シ、仝十八年五月第五師団広島ノ連隊医官ニ転職シ、仝廿三年六月帰京被仰付近衛歩兵第四聯隊附ニ転職ス、仝廿四年十一月十二日元籍ヲ石川県ヨリ東京府ニ移シ乃《すなわ》チ東京府士族

(144) **金沢医学校**：70頁の注(62)参照。
(145) **台湾蕃地外征ノ役**：征台の役。70頁の注(63)参照。
(146) **西南ノ役**：70頁の注(64)参照。

トナル

勤仕及賞罰履歴

一　慶応二寅年肥前国長崎済美館仏語学助教被申付、一ヶ月手当金弐両宛給セラ（ルの脱字カ）（旧幕府立外国語学校）

一　慶応二寅年八月長崎在学中前田加賀守官費生仝様、一ヶ月学費金五両宛貸費生被申付

一　慶応四辰年正月肥前国長崎医学校附属病院薬局方被申付、一ヶ月手当金七両宛給與セラル（長崎裁判所知事ヨリ）（幕政ノ際精得館ト称タル長崎病院ヲ　王政維新後改革アリタル病院ナリ）

（注）

一、読みづらいと思われる漢字には、平仮名でルビを付した。

二、旧字体や厺（去）、嵜（崎）、など異字体の漢字の多くは、新字体や常用漢字などで読みやすくした。

三、原本にはないが、適宜、句読点や並列点を付けた。

四、抹消、修正、挿入された箇所は訂正後の表記とした。

五、（　）書きでの説明文のいくつかの箇所では小さい字で二行書きになっている場合があったが、すべて本文とは小さい活字とし、一行書きとした。

六、賤称を使用した箇所があるが、正確に歴史的事実を認識するためで、差別を容認するものではない。

三　清水誠が南フランスで驚いたこと、学んだこと

（一）マルセイユ周辺の見聞

蒸気車の便利なこと筆舌に尽くし難し

西暦一八六九年　八月二十日

フランスで三番目の大都会マルセイユ(1)に到着した三日後に、ヴェルニー(2)の生まれ故郷であるオーブナ(3)という村を訪ねた。その後は、私と岡田丈太郎(4)の二人だけでマルセイユで生活していたところ、意外なことに、今日ヴェルニーが再びマルセイユに来て、「しばらく休暇を取ることが出来るので、君たちは器械学校を訪問するのがよかろう。案内するから今からエーキス村(5)に行こう」と言った。エーキス村は学校だけがある高名な土地である。考えてもいなかったので大変嬉しいことであった。

すぐに、午前十一時十五分発の汽車に乗って、午後一時十九分に到着した。マルセイユ港からエーキスまでは七里（約二八キロ）ばかりの距離で、賃銭は二等車で二朱ばかりであった。すぐに学校に行って総督を訪問したところ、「昼食に行って、すぐには戻らない。今から一時間半ほど経た後に来れば、面会ができるであろう」と受付の職員が言ったので、市中の様々なところを見物していたところ、裁判所の前を通った。

ヴェルニーが、「ここに入って、しばらくの間見物しよう」と言ったので、すぐに入って見物することにしたが、傍聴人が満員状態であった。裁判官がいて、罪の軽重得失を論じ、検察官が罪状を言い渡し、弁護人がいて、少しでも罪を軽くしようとするのであった。そのほか聴聞人（証人）がいて始終事の成り行きを聞いていて、裁判官の判断が正しいか否かを観察し、もし、納得できぬことがあり、そのことを裁判官に言えば、裁判官は再考せざるを得ない。公然と事をあからさまにして議論をする。

私どものような多くの見物人たちも、裁判官の間違った判決が出れば、それを新聞で報道し、その間違いを公表するので、裁判官は地位を保つことはできない。それで、裁判官は努めて公正で適切な刑を言い渡さざるを得ないと言うわけである。

再び学校に行って事務長に面会して情実を聞いたところ、この学校は政府が運営する学校であるため、外国人は入学できず、もし入学できるとしても、この学校では、読み書きや専門以外の教養科目を習わなければならず、私にはあえて教わるために入学することは不適で好ましいとは思えなかった。学校の所々を見物したが鋳物場、大工場、鍛冶場、舎密所《せいみ》(6)など器械学に関することで備わっていないものはなかった。午後四時二十五分に乗車し、六時一分にマルセイユに帰った。七里余の道のりの往復も、汽車賃は一歩ばかりで、三時間余りも在留して、日本の四ツ時半（午前十一時）頃に出立して夕暮頃に帰るというのは便利極まりないことである。

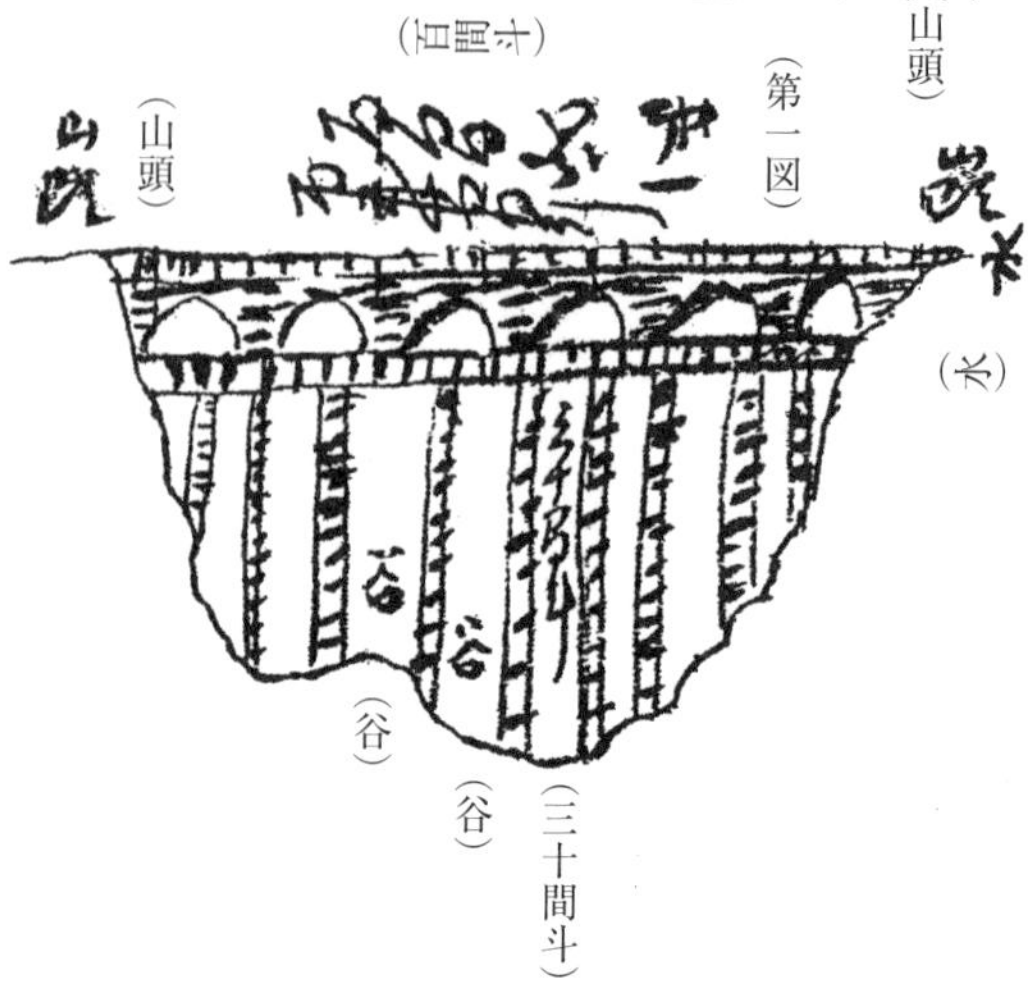

途中で高さが三十間（約五四メートル）ほどで、長さが百間（一八〇メートル）ほどの高大な橋を見たが、山頭から山頭に渡る上の略図を見ていただきたい。ヴェルニーが言うには、「これは橋ではない、マルセイユ港では所々で掘りぬき井戸を作り、その井戸水を六階・七階の住居へ

届け利用するようなことはしない。水桶の栓を抜けば、水が出るように仕懸けをした水樋（上水路橋）である。この水樋が出来てすでに二十年にもなるが、その頃はまだ器械学者は賢くなかったので、橋のために三十万両ほどを費やしたが、現在であれば第一図の代わりに第二図のように作るべきであろう。そうすれば、必要とする同じことが半値以下で出来る」と。三十万両も使ったというだけあって立派な物であることは言うまでもない。橋のたぐいの物ではこれが世界第一だという。

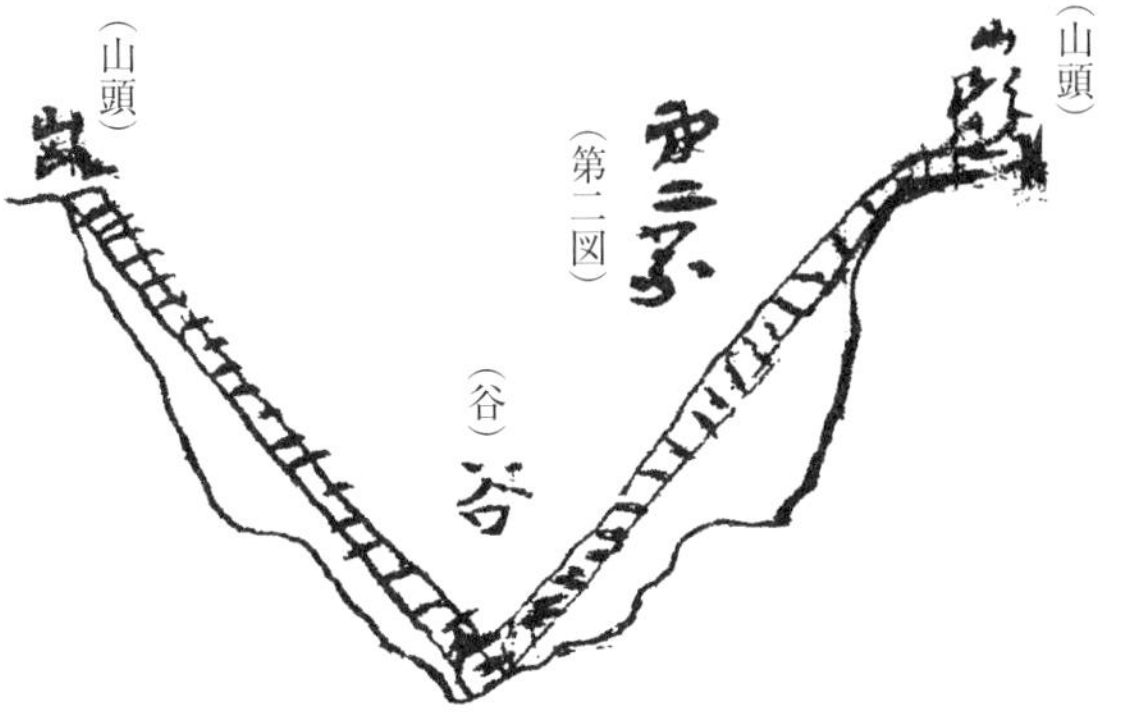

すべてが石作りであり、実に高大に見える。

八月二十一日

朝六時三十分に汽車に乗り、ヴェルニーに連れられてツーロン(7)の造船場を見学するためにマルセイユを出発したが、途中のヲーバキ村(8)に九時三十分に到着。この村は石炭の産地であるため、いろいろな石炭釜を見物して、午後一時四十二分まで居た。その後、汽車に乗りツーロンに向かったが、また途中のラシオタ村(9)というところにフランスの客船の造船場があり、ここにはヴェルニーの友人がいるということで、午後二時十三分から八時十分までいて造船場を見物した。

たかがフランスの一商会に所属する造船場であるけれども、規模の大きいことは、日本の政府造船場である横須賀にまさるものであり、従業員は三五〇〇人ほどが休みなく造船に従事している。この商会では四百馬力程度の蒸気船を七十艘余保有しているとのことである。日本の横須賀の従業員は日々千人程である。その規模の大小は明白である。

ラシオタを訪問中に一つ心外なる出来事があった。それは、ヴェルニーの親類である者の家へヴェルニーと一緒に行った時のことであるが、主人は我々に挨拶をしたが、妻と娘は挨拶をしなかった。帰る時もまた同じであった。しばらくあちこちを見物した後、夕食時になり、ヴェルニーが、先刻の親類方へ行って食事をしようと言った。

私は厭なことだと思ったが、今日到着したばかりの土地で、様子がわからないので、やむを得ずヴェルニーとともに訪問したものの、失礼な態度は前と同じであった。私は怒りがこみ上げ、ヴェルニーに自分の気持ちを伝え、家を出ようとした。ヴェルニーは、「彼らは失礼な事をしているわけではなく、外国人との交際に不馴でこのような態度となるのだ」と言ったが、その言を聞き入れず家を出た。

かろうじて料理店を見つけて食事をすることはできた。翌朝ヴェルニーがまた私に非を唱えたので、私は次のように答えた。「もし、一たび、人が無礼な態度であることを許せば、人はまた無礼を働くであろう。しまいには万人に屈せざるを得ないようなことになる。あなたは万人に屈することを好むか」と。ヴェルニーは黙って去った。八時十分にラシオタを出発して、九時二十分にツーロンに到着した。マルセイユ港よりツーロンまでは日本でいえば十七里（約六八キロ）ばかりの距離の地だが、道中に総計二時間ばかりを費やして、その地では所々を見物して、汽車賃が二等車で三歩ばかりとは、蒸気車の便利なことは実に言葉で言い表せない。

二十二日

今日は日曜日なので、造船場は休みのため、記すべき事がない。夕刻になってヴェルニーの朋友である大砲製造局総督の家へ行った。ヴェルニーが言うには「この人は製造局にいるけれども、大砲隊の頭《かしら》である。フランスでは、常に大砲製造局の頭は大砲隊の頭でなければならない」と。

二十三日

今日、ヴェルニーと造船局を訪問し、その施設に入って見たが、高大なことは筆に尽し難く、大砲を造っている規模は横須賀の十倍ほどであり、一つの建物の内で大きな軍艦四艘を造っていた。その他、小艦製作の建物が数多くあり、ドックは四ヵ所あって甚だ広く、いずれにも入船していた。その他、鋳造場に備わっている煙突の高さは四十間（約七二メートル）ばかりである。

この施設では、地金を作る工程である製錬にたずさわる者はあえて上手である必要がなく、いろいろな部署で、おそらく罪人を使っている模様であった。その罪人は二人ずつ繋がれて、一人働きはできない。一つの荷を運ぶのに二人の肩で担ぎ、また両人は、杖などは持たずに素手で、ともども歩み進むのみである。はなはだ不便であるように見える。

日本で罪人を使用するときは、一人放って使っている。いずれが適切であろうか。この港に巨大な木製の軍艦が満ち溢れていた。ブエトと言う器械学者が言うには「この数多くある軍艦はすべて役に立たない。昔は素晴らしい軍艦であったが、刃鉄《はがね》（鋼）作り本込みの大砲が発明された後はもはや役立たない。ただ荷物運送に使うためにあるだけだ。近年は四寸（約一二センチ）ほどの厚い鉄で船艦を作り、ことごとく新発明の大砲に対応できるようにしている」と。

かつ、また言うには「その頃は、三組・四組も大砲を備え、銃も数百挺を備えていたが、現在は新大砲をわずかに備えるだけである。しかしながら、その効果は、昔の倍以上であることは論をまたない」と。午後には乗船して港内を遊周し、最後にとても大きい軍艦を訪問したが、この軍艦は練兵船で、様々な砲銃を備えて、数百人の兵卒がしっかりと鍛練をしていた。この船は稽古船の設備を備えた軍艦であるというが、きわめて充実した備《そなえ》に見えた。

二十四日

早朝、ツーロンの新港へ行って見学したが、港口に鉄橋が懸けてあり、この鉄橋は始終大艦が出入する毎に開閉する。その仕掛けは実に驚きである。この港の土地は、もとはツーロンの町のひとつの地域であったが四年前からこの新港を作るために、ことごとく家屋を潰したり、町地をすべてこのように掘り揚げたのである。このように掘り揚げるについては土掘器械を用いて些少も人力を使わないので格別に大金が必要ではないということである。新港の海岸に一つの鉄道があるが、この鉄道は造船局に付属した鉄道で、当局から石炭山までの鉄道である。石炭だけのために鉄道を敷設するのは小事と言うべきであろうか、いやいやとんでもない大事《おおごと》である。夕方七時四十分にツーロン港を出発して、九時四十四分にマルセイユ港に到着した。

(二) ヴェルニーの故郷オーブナでの体験

ダンスは日本の舞ないし能に比すべき

二十五日

今日、岡田君を塾から連れ出して、午後九時四十五分にマルセイユ港を出発して、ヴェルニーに伴われて彼の生まれ故郷であるオーブナ村に向かった。

二十六日

今朝の八時頃にヴェルニーの父と兄が住む家に到着した。ヴェルニーの親類は実に数多く、幸せに繁栄しているように見える。伯父さんは、当年八十八歳というが眼鏡を必要とせず、歯も一本も抜け落ちることがなく、壮健至極である。父母の歳は知り得なかったが、相当の年齢である。父や兄たちはすべて紙商売に従事して、大きな工場でいずれも紙を製作している。一番上の兄はマルセイユ港で紙を製作し、二番目と四番目の兄弟は父のもとにいて製作場の指図をしており相応の豊かな経済力をもっているように見える。ヴェルニーは、三番目の子息で、彼だけが政府の役人というわけである。

二十七日

オーブナ村から三、四里（約一二、一六キロ）の距離にワルス(10)という村があり、ここは温泉が湧くという土地で、夏の頃は数多の旅客が訪れ、故郷の山中温泉(11)に似ている。その温泉の湯で風呂のお湯をはって様々な病気の治療をする。ヴェルニーの妻は、病気がいまだ癒えないため、今日もこの温泉に行くというので、私と岡田君は、ヴェルニーに同道して共にこの村に行ったが、相変わらず人が集っていた。この場所に一つ珍しく面白いことがあった。湧水が多くあるうちの一つに、妙なる地があり、三時間毎にとても強く水が湧き、高さ三間（約五・四メートル）ばかりも噴き出し、とても美しい風景であった。ヴェルニーの妻がこの村に在留するというので、ヴェルニーもここに在留した。私と岡田君らは、夕方になってヴェルニーの父のもとに帰った。

二十八日

今日は、記述すべきことがない。

二十九日

今日は日曜日なので、ヴェルニーの親類の者が残らずヴェルニーの家に参会した。これは伯父さんがヴェルニーの家に来ているからである。食事の時には、四十三人がいて、岡田君と私、もう一人親類ではない者がいたが、そのほかは、全ていとこ、あるいは甥や姪などで、すべて親類である。ヴェルニーの三人の兄弟のうち、二人が居合わせたが、その一人であるザベルという者が私に言うには「日曜日は休日であるから、必ず親類がすべて参集するのだ」と。四十人も月に四度も食事で集まるとは煩雑なことである。日本では、近頃簡略であるのが西洋流であると言っているが、これは大いなる間違いで、簡略であるのは、インドないしアフリカ流で、西洋流は煩雑至極である。

夕食後に老男女を除くほかの者たちは、いずれも西洋流の踊りであるダンスをした。ヴェルニーの従姉妹であるアリスといふ少女が私と踊りたいと言ったが、私はダンスの作法を知らないので断ったが、幾人かの者が私にダンスを学ぶために踊るようにと言った。それで最後にはこの少女とダンスをした。西洋踊りは、日本の踊りと違って、相応にゆかしく品位のあるもので、日本の辻踊りのようなものではなく、舞ないし能に比すべきと思われる。しばらく後に、同じくヴェルニーの従姉妹であるカロリンという少女とも踊った。随分と愉快であった。西洋流の煩雑なる事は、かくの如くである。

三十日

今日、ヴェルニーの叔父であるワルソという人に私と岡田君が昼食に招かれた。相応の御馳走で結構至極であった。昼食後に岡田君らはボール投げ遊びをしていたが、私はヴェルニーの従兄弟であるモーリスに伴われ、オーブナ村の学校を訪問した。荘観美麗なことは、明倫堂(12)などの及ぶところではなかった。この村の人口は、わずかに七千人を超えない程度で、それのみならず、裕福な村でもない。しかし、学術に対して強い関心をもつ人々の姿勢は恐るべきものである。

ヴェルニーが言うには、もともとこの学校は牧師仲間によって建てられたものであるが、しかしながら、村の人々に割り当てて徴収した村費の中から毎年四千フランをこの学校に補助しているという。これは村人の教育を助けるためであると言う。そのため、生徒の修学経費は、年間、二ヵ月の休日以外の、残り十ヵ月間の食料・衣服・洗濯料・室料・伝習料、諸雑用など合計四百フランで済むという。この金額は日本の五十両余であり、また、外国人も自由に入学することができるという。

三十一日

今日は記録するようなことが我身には起きなかった。

九月一日

今日、ヴェルニーの親類でポールノデイデイという者の糸製作場に行って見学したが、蒸気器械と水車器械の両方を使い、蚕から糸を取って糸を合わせて織り上げるまでを行っていた。繭《まゆ》から糸を取り、糸を合集する周《まわ》りを洗うことで充分である。日本の蚕も数多あった。

私が思うに、小松などの糸絹製作人は一度ここに来て見れば、言語不通であっても莫大の利益を得ることができ、そのための諸雑費などの経費は、一年もたたないうちに元が取れると思われる。ガス灯場に行って見たが、器械は至極軽易なもので、今すぐにでも私の手で作れると思うほどである。このような簡単なものをいまだに日本に製作する者が何故いないのであろうか。この器械は石炭を蒸気釜で焼く焼所、ガスをさらすための桶が一つ、そのガスをため込む桶が一つ、この三つのみで何も難しいことなどない。そのほかは、ただ地中を掘って所々へ通ずるようにするだけである。

九月二日

今日は記すべきことがない。

九月三日

今日も同じ。

（三）マルパでの製紙工場での体験

思い通りの寸法の紙が瞬く間に山のようになる

九月四日

今日はマルパ(13)のヴェルニーの伯父が経営する紙製作場を見学した。とても大規模で、紙細工機械を三台備えていた。この紙の話を委細にしたいと思う。何故かというと、とても簡単なもので、日本でもこれを始めたならば、日本紙だけを製造するより、よほど利益があると思うからである。

第一に麻と綿との衣服の破れを繕うような不用な繊維を諸国から買い求めねばならない。絹や毛織の品は紙にはならない。二番目にそれを丹念に選り分け、まず麻と綿を大分して、麻を上中下に分ける。上は白くて細いもの、中は中白で太いもの、下は黒で太いものとする。これを見分けるには何分《なにぶん》にも人力によらざるをえない。

このように選別した後、大なるものは切って細かくしなければならない。細かにした上はもはや人力を使うことはいらない。その上で塵を取払うのであるが、器械があって人力は必要としない、塵を払い取り、洗わなければならないが、これは長さ二間（約三メートル六〇センチ）ばかり、太さ五尺（約一メートル五〇センチ）ばかりのシソンドル釜の中で、これを洗うのである。このシソンドル釜は始終旋回して蒸気で充備している。その形は次頁の上図のようである。

洗った上に、さらにこれを洗って、これをまた細かにするのであるが、器械があるため人力を労することはない。その器械は甚だ語ることは難しいので、大略を次頁の下図で示すことにする。

イの転じ車は、蒸気の力で始終廻旋しているために、桶中の水もまた始終旋廻するので、従って桶中の綿や布も流周している。このような状況で転じ車に挟まれて切られるのである。このようにして、三時間ほどを経ると残らずほとんどが細末となる。

ロの車は、始終水を替える車で、割図の上面の箇所は極めて細い針鉄網で覆い、横面図に見える歯車で濁水を汲み揚げ捨てるのである。

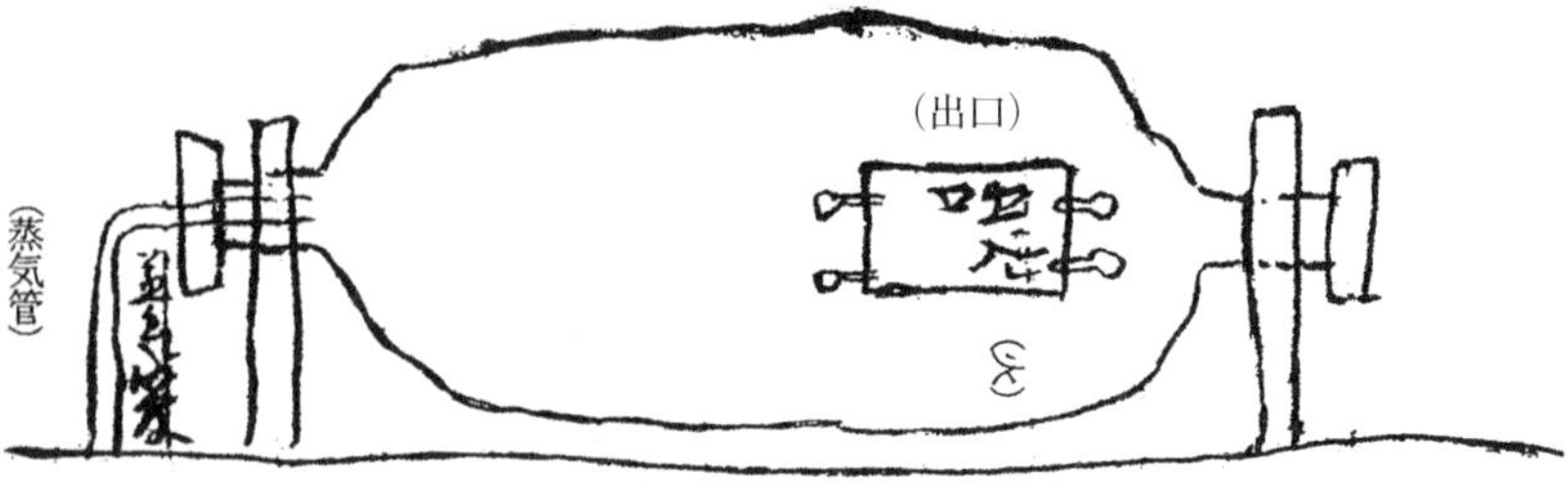

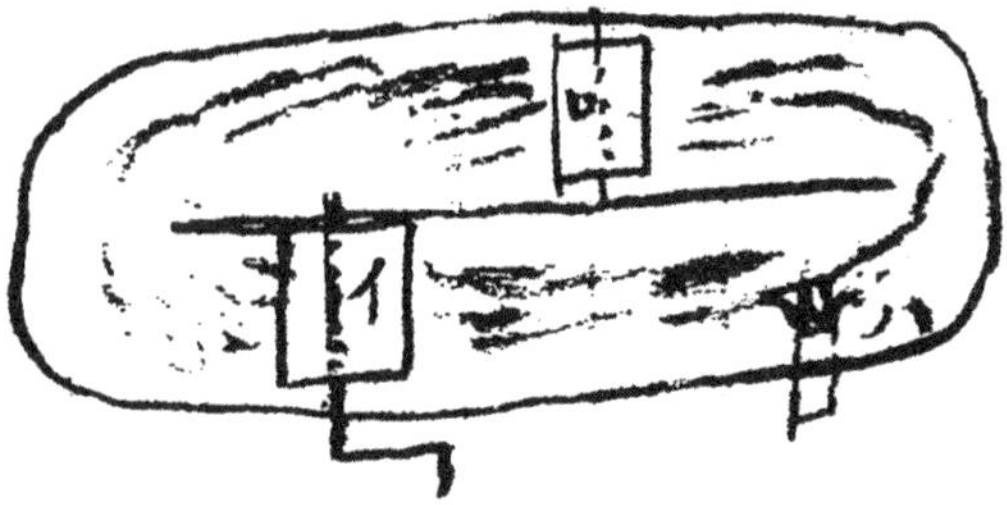

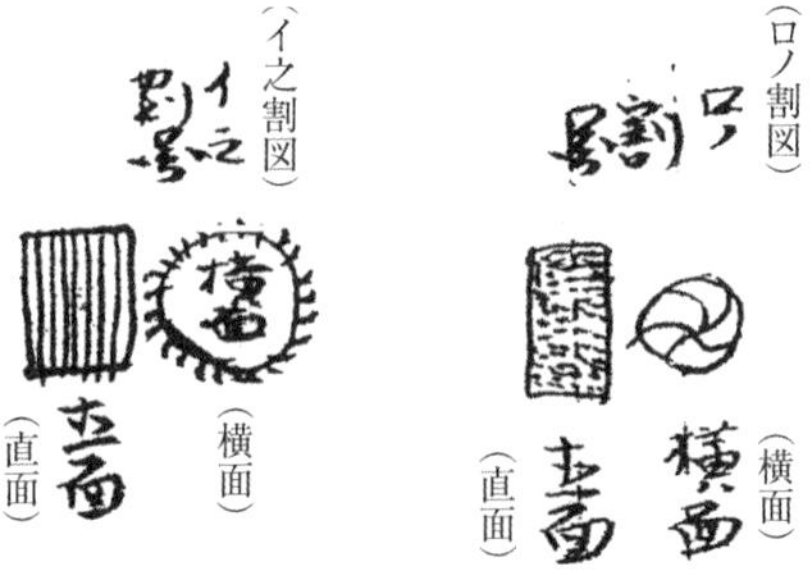

ハは、清水を入れる呑み口である。これによって始終濁水を捨て、減る水を補充する。

さて、前時のように三時間を経て、だんだん白く細末になった上に極細末な目の車にかけて、今一度強く細末にする。水の事などは全て初めの通りで、また三時間半ほどを経て、

はじめて極細末になる。その上で適切に薬を施し、紙にする様に準備をして桶の中に入れ、この桶から直に紙器械に流れるように仕向けるのである。上の図はその仕組みをきわめて大まかに示したものである。

イの桶から紙になるべき糊のような物が流れ出て、ロの所で圧力をかけ、ハの所で少々紙を締め、ニ・ホ・ヘ・ト・チの所で紙を乾かし、リの所で紙を切るという手順を整え、ヌの所で紙を切り、ルの所で寸分違わず切られた紙が次々と連なり集まる。このようにして流動物より図形体となり、思い通りの寸法の紙が瞬く間に山のようになる。実に驚くべき恐るべき事である。この器械はガス灯器械と比較すれば余程手が込んでおり甚だ難しいが、しかし、一度器械を備えてしまえば、とても多くの益があると言える。

今日ようやくヴェルニーがワルスの湯治場から妻と共に帰って

きた。夕食後、様々な橋の雑談におよんだ時に、ヴェルニーが言うには「日本では、どのようなことでも政府ないし大名の手で物事をなすため、民は喜ばない。フランスではそれとは違い、鉄道あるいは大橋などの工事は民がこれを行う。たとえばここに一つの河があり、いまだ橋がない場所があるとしたら、一人の商人がいて、ここに橋を架け、百文宛、あるいは五十文宛の通行料を取って渡す事にすれば相応の利益があると考えるとする。すぐに政府に申請して許可を受けて橋を架けてこれを商売とする。フランスの鉄道などは、すべて商会が行い政府はただその民が便利であることを喜び、これを民に許可するだけである。それ故、常に考えて、便利である事を見つけ出し、利益を得るのである。その上、政府がもしも一ヵ所に橋を架けようと思っても、その資金が無ければ、このことを布告して、どこそこの地に橋が必要である。希望する者があれば申し出てくれと。そうすれば、その事情や得失を考えて、事業に乗り出すことが良い事だと思えば、早速政府に言って許可を受け、橋を架け、一人宛て百文とか二百文とかを取って商売とするのである。日本のように何かといえば税金を民から無理に取って、政府だけで事業を行うようなことをしない。日本のようにしたのでは民が喜ばないばかりか、実に国家にとっても益がなく、政府の不策と言うべきである。常に民が自身のために働くよう、つとめてしむけなければ国は急速には発展しない」と。

五日

今日、午後一時にヴェルニーの家を出発して、ウラン町(14)で宿泊した。これはマルセイユに到着したものの、未だ私の学ぶべき学校が定まらず、それ故にヴェルニーと一緒に、所々の学校を訪問かたがた、鉱山などを見物するためであった。岡田君も一緒に連れて行こうと思ったが、かれこれ数日間を要するとのことで、この旅で過分の費用を益なくついやすのは不経済ゆえ、岡田君はヴェルニーの兄とかれの子供と一緒に、近日中にマルセイユのこれまで学んでいた塾へ帰る事にした。ヴェルニーの家からプリワ(15)と言う土地まで七里（約二八キロメートル）ばかりの間には蒸気車は敷設されておらず、馬車で行ったのであるが、高山を越えなければならないというものの、道路学者の技術が優れているので、高山も平地のように馬車で安々と行くことが出来るのである。

六日

今朝、六時にウランを出発して、サンテチエンヌ村(16)に午前到着した。サンテチエンヌ村にはヴェルニーの従兄弟であるコンビエ家に娘が嫁いでいる家があるので、両三日間この

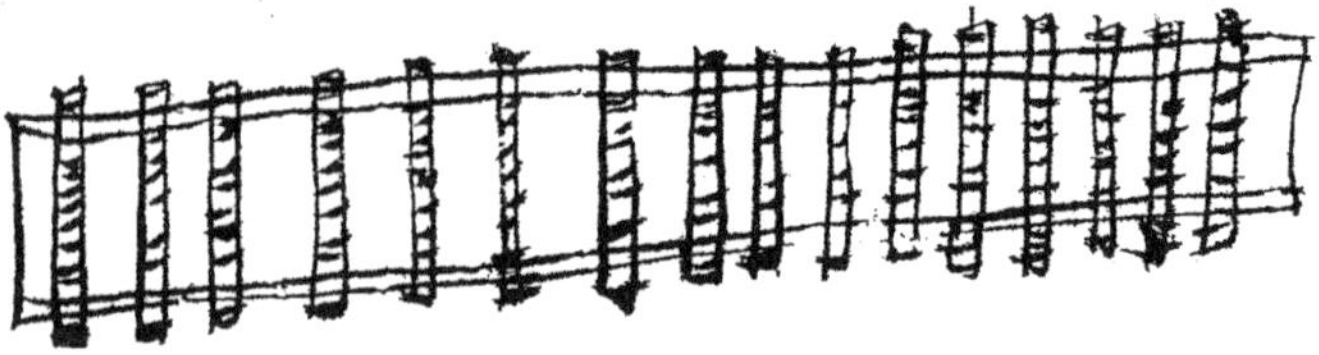

家に在留するつもりである。ウヤンからサンテチエンヌまでは、始終フランスの大河であることで高名であるローン河の河縁を通った。このあたりは実に蒸気器械を備えた工場が多く、真に石炭煙のために青空を見る事が出来ない。どうみても曇天のようである。どうしてこのようにしてこの土地には蒸気器械工場が集まったのかと質問すると、このあたりには石炭山があって、その値段が甚だ安いということで多くの人がここに蒸気器械工場を建設したとの事である。

七日

この村には、政府のとても大きな小銃細工場があり、総計八百馬力の蒸気器械を備えて、様々な小銃を製作している。この政府の小銃細工場で、小銃の性能をためした。上図のように小銃を備え、一時に百挺余をためした。破裂銃がある場合に人間に危害が及ぶことを恐れるためか、堅固な小室に立て込めて、エレキ力で伝火したように見えた。

この村は、鉱山が近くにあるので、鉱物学を学ぶ学校があり、ヴェルニーとともに行ってみた。あえて珍しくもなかったが鉱種、石種、土種などすべてを集めて大きな部屋に飾り、はなはだ珍しいものとして大切にしているように思えた。

八日

今日、ヴェルニーと一緒に鉄細工の工場へ行ってみたが、鉄道に用いる刃鉄《はがね》線などを練釧《れんせん》する事は我国の飴細工のようであった。鉄を鋸で引き切り、曲節を直すなどはいとも簡単に行なっているように見える事は筆に尽し難い。このことは専門の学識者が早く来て学ぶ必要がある。

（四）フランスの婚姻の礼と刑法事情

罪人の処罰は貴賤や富貴で差があってはならぬ

九日

今日、トゥール(17)という地名のヴェルニーの叔父の家へ昼前より行って昼食をご馳走になった。この地域は葡萄の名産地で沢山のワインを醸造する。山の中の高地でローヌ河を下に見る絶景の地でもある。牛を十頭余、馬を一頭、兎を三、四十羽、ジャメン羊二十頭ばかり、鶏を三、四十羽ばかりも所持し、甚だ金持ちに見える。牛馬などについては、叔父さんの家の状況のみならず、ヴェルニーの家においても馬を五頭、馬車は四台、その他鶏・兎などについてもこれと同様の数を所持している。

我国で五頭もの馬を所持する者は大名と言って大きな顔をしているが、西洋では小村の紙屋でもこのような有様である。今日、道々の話に、以前に話題にした嫁入りについて話が及んだ。その事情を聞いてみると、お婿さんはヴェルニーと同村のヲーブナの出身で、ヲーブナからサンテチエンヌまでは三十里（一二〇キロメートル）ばかりの距離がある。然るに婿は二ヵ月前よりサンテチエンヌに来て、娘と気ままに散歩したり、あるいは芝居見物等などに行ったりして、互に何もかも相手の心情等を黙って観察し、その上でやはり媒酌人を立てて婚姻の盃を交わすという。

さて、婚姻書をしたためる前に、双方の親類が互いに会合し、異存なく、かつ満足である旨のことを一紙に記して、その上で教会に行って、いよいよ夫婦の誓をする。その後、必ずというわけではないが、三、四日ばかり親類・朋友を呼んで御馳走するとのこと。婚姻の礼ははなはだ丁寧になされ、いずれも礼服を着し、礼式の帽子をかむる。ダンスの順序なども我国の葬儀の際の焼香のように血縁の遠近により順序があるとのこと、はなはだ面倒な次第である。

結婚の約束事はすべて婦人方で行ない、初日は必ず婦人方で共に寝室に入る。その後、三、四日饗応馳走して婿方へ帰る。帰えったうえで、また三、四日饗応の礼式があるとのこと、面倒至極、余りにも丁寧すぎる次第ではなかろうか。この婦人の小道具・衣服等を除き、持ち金だけで一万五千両ばかりと言い、婿もほぼ同様の私有金を所持するとのこと。婦人で一万五千両というのは、日本ではあまり無いことである。この婚姻は一般的ではなく富豪の婚姻かと尋ねたところ、中の上で、すこぶる特別と言うわけではないとヴェルニーが答えた。午後十一時頃にサンテチエンヌの旅宿に帰った。

十日

朝八時五十分にサンテチエンヌを出発してプイ(18)という高名な霊地へ行った。午前十一時四十分、村に到着した、この土地のあたりにはヴェルニーの親類が数多くいる場所である。さて、この地の名物はマリヤの大仏で、市端に嶮岨《けんそ》な高山があり、その頂上にこの大仏を安置してある。鉄製で十年前にロシアと戦争をした時に、奪取した大砲を潰して造った物である。その写真一葉が副《そ》え置かれていた。

十一日

今日、昼食に招待され、ヴェルニーの叔母さんであるヨード婦人の家を訪れた。

十二日

この地プイの刑法総督はヴェルニーの従兄であるゲトランという人物である。町に居住しないで三里（約一二キロ）ばかり離れた田舎に居住している。今日は日曜日で、少々閑で自由な時間が出来たということで、私どもや子孫の者を招いてくれたので、すぐに応じた。総督という立場なので、はなはだ身分が高くお金持ちに見えた。自分の家が役所から三里余もはなれているのは、はなはだ不便にみえるが、馬車で往来すれば、時間をそれほどかけずに出勤することができる。その上、副総督と両人で勤務するから、三日ずつ交互に勤務するとのこと、はなはだ自由なことである。様々な刑法の話に及んだが、その時の話では、フランスでは、決して人を叩くような不法なことはしない。訴人がいて、誰それは何か物を盗んだ、何事をなしたなどと言う場合、すぐに訴えられた者を呼び出し、事実を問い糺《ただ》す。もし、嘘を言ってその真実を言わないとしても、総督が考えて、その事に疑う余地がなければ彼の言い分を採用せず、適切な刑罰に処する。なぜならば、訴人が十人いて、誰それは何か物を盗んだと言う。一方では盗賊の仲間たちは、また二十、三十出て、その事はなき事であると言う。本人はもとより盗むようなことは素より無い事であると主張すれば、十人の善良な訴人の申し出は潰されてしまう形となってしまう。このようなことは許されてしかるべきことであろうか、決してそうではない。多少の主張する言葉に左右されず、刑法総督の信ずるところにより他人の言語に左右されず刑を行わねばならぬと言う。我国において士官が咎《とが》を受けることと同じである。その上に言うには、もし、真実をそうではないと思って人を打ち、人を責めたものの、その事が本当に真実であったならば、打ち責めた罪は何をもって償うべきであろうか。フランスでも大昔はこのような人を打つ処罰をしたが、今は決して人を打つ事はしないとのことであった。私が思うには、人間は、天帝の愛民で、貴賤であろうが富貴であろうが少しも異なるものではない。然るに我国の民百姓は些少の事であっても打たれ、これを責められ、士官に至っては有無を言わせず刑が下される。何を愛し何を憎むによってこのような違いがあるのであろうか。

十三日

午前五時十五分にプイを出発し、サンテチエンヌに午前八時二十五分に帰った。この道のりは二十五、六里（約一〇〇、一〇四キロ）ほどであるが、小川・小山・小谷などがあって甚だ交通の不便な悪地である。それゆえに日本で言う二十五里ばかりの間に二十余のトンネルがあった。この地の鉄道は、敷設するのに甚だ高価についたと思われる。午後三時五十三分にサンテチエンヌを出発して、夕方の五時五十分にリヨン(19)に到着した。今日、ヴェルニーの父からの連絡の紙面を得た。その文によれば、今日まで岡田君はヴェルニーの父方に在留していたが、今夕にヴェルニーの兄弟とマルセイユ港へ帰るとのことであった。

十四日

今日、リヨンに在留中のヴェルニーとこの地の器械学校に行った。この学校はエーキスの器械学校と違って専ら学術をきわめて、一般的な科目の他、専門的な科目を一週間に三度学習するということだ。一人につき、年に日本での百両弱の金額に当たる七百フランの教授料である。これは教授料だけで、外宿する必要があり、外宿料は年に一二〇〇フランほどが必要で、これは日本の一六〇両ほどである。その他に衣服料などに百両ほどが必要で、総費用は三百六、七十両でよかろうけれども、この学校は教授方が手ぬるく、学ぶのに適切ではないとヴェルニーが言った。午後にリヨンの要水器械場へ行って見たが、相変わらず高大な切懸の建設方法であった。この器械場の水をリヨンの人民すべてが使用している。高さは六、七十間（約一〇八、一二六メートル）まで水を揚げると言う。

十五日

朝六時五十五分にリヨンを出発して夕方六時にパリに到着した。この道のりは我国の百三十里（約五二〇キロメートル）ほどで、一等の乗車賃は一人につき五七フランで日本の七両余りであり、実に便利なる次第である。
パリの事情については、吉井氏などにお尋ねになって下さい。

【注】
（1）**マルセイユ**：フランス南東部の地中海に面したローヌ河口に位置する貿易港を中心に発展した商工業都市。港は古代から発展し、中世には地中海の東方貿易を支配。十九世紀初頭の蒸気機関の発達、アルジェリア征服、スエズ運河の完成などの新状態に順応し拡大整備され、都市も近代的大都会として変貌した。清水誠が到着した頃はこのようなマルセイユの発展期であった。
（2）**ヴェルニー**：フランス海軍大技師、幕府が設立した横須賀製鉄所に招聘された御雇外国人。慶応二年（一八六六）三月来日。同所の首長として活躍。第一ドックの完成前に幕府が倒壊し、明治新政府に事業は引き継がれた。明治二年（一八六九）物品調達のため、一時帰国した際に清水誠らを伴った。
（3）**オーブナ**：ローヌ川上流の右岸ル・テイユから西約二五キロ、セヴェンヌ山地の山麓、ローヌ川の支流の近くの標高三〇〇メートルという所に位置する。ヴェルニーの出身地は、一般的には「ヲベメイアルデシュ」とするものが多い（小学館刊『資料御雇外国人』（吉川弘文館刊『明治維新人名辞典』など）が、アルデシュ県のオーブナという町（村）のサント・アンヌ通りで商人の子として生まれたというのがより正確であろう。パリからオーブナを訪ねるには、パリからマルセイユ行きの汽車でリヨンの南に位置するバランス・シュル・ローヌまで行き、バスや車で七二キロほどの道のりを行く。清水が訪ねた頃はおそらく馬車などを利用したと思われる。「フランスのチベット」に例える著もあるほど山間の地で、かつては貧しくパリなどに多くの人が出稼ぎに出たという（「黒船建造」日本放送出版協会『ドキュメンタリー明治百年』所収）。

(4) **岡田丈太郎**：加賀藩士岡田雄次郎の長男。『公文録』（国立公文書館蔵）の海外留学生姓名録によれば、出国時十三歳とある。これが数え年年齢の十二歳ならば、安政四年生まれか。少年であった彼は、到着後すぐにマルセイユで塾に入って修学を始めていたと思われる。修業した学校名はクンチアンという。

(5) **エーキス村**：マルセイユから七里（約二八キロ）と記すから、マルセイユの北に位置する「エクスアンプロヴァンス」と思われる。汽車で往路は約二時間、帰りは一時間半になっている。汽車のスピードが若干遅すぎる気がする。それでも、清水は「これだけの道のりを往復し、目的地に三時間も在留して、午前十一時に出発して夕暮れの午後六時に帰ることが出来るとは」と汽車の便利さに感嘆している。

(6) **舎密《せいみ》所**：舎密は幕末から明治初頭に使われた化学の旧称。幅広く科学技術採用のための研究を目的に設置した機関を指す。

(7) **ツーロン**：マルセイユのほぼ東十七里、すなわち約六八キロの地中海に面する港街。十八世紀初頭には今日の大軍港の基礎が出来上がった。マルセイユとツーロン間は当時の汽車で所要時間約二時間というから汽車のスピードは、時速約四〇キロとなる。

(8) **ヲーバキ村**：オーバーニュであろう。

(9) **ラシオタ村**：ヲーバキ村（オーバーニュ）からラシオタ間の所要時間は三一分、ラシオタからツーロンまでの所要時間は一時間一〇分であったとしているから、マルセイユからオーバーニュまでの所要時間は、二〇分程度であるはずなのに、朝六時半に乗車して、九時三〇分に到着したというのは解せない。時間の記憶ミスであろうか。

(10) **ワルス**：温泉の存在するこの地の詳細は不明。近くに間欠泉があることや、郷里の山中温泉と対比しているように、薬水というのは温泉であろう。原文には、「其薬水を以、湯をこしらへ」とあるが、「薬分の含まれる水を沸かして湯にする」という意味ではなく、この湯は、風呂の意味で、「薬分の含まれる温泉の湯で風呂とする」の意味であろう。清水は間欠泉を初めて見たのではなかろうか。

(11) **山中温泉**：当時は加賀藩の支藩大聖寺藩に存在した。現在は石川県加賀市。

(12) **明倫堂**：加賀藩が寛政四年（一七九二）、第十一代藩主治脩《はるなが》の治世下で創設した藩立の文学校である。最初は兼六園内の現金沢神社付近にあったとされるが、文政期以後の幕末維新期には現四高記念館付近の仙石町付近にあった。明倫堂の建物は相当立派なものであったと思われるが、それでも荘観美麗なことでは、オーブナの学校にかなわないと感じたのは、ヨーロッパの建築物が色彩豊かで、日本では見慣れない細工が施されていたからかもしれない。このオーブナの学校はキリスト教会が経営するミッションスクールとして出発したものと想像される。

(13) **マルパ**：位置など詳細は不明

(14) **ウラン町**：リヨンの西に隣接する集落。
(15) **プリワ**：オーブナの北東に直線距離で二十二キロほどに位置するプリバであろう。山を越えなければならず、二八キロの道程となったものであろう。
(16) **サンテチエンヌ村**：リヨンの南西、直線距離で約五〇キロにある。ローン川はローヌ川である。正確な道筋は不明であるが、ウランからローヌ川に沿ってジボールまで南下。その後、サンシャモンを経由してサンテチエンヌに入ったと思われる。ヴェルニーの出生の証人となった者にルイ・フェリックス・コンビエという者がいる（富田仁・西堀昭『横須賀製鉄所の人々―花ひらくフランス文化―』）。おそらく、コロンビーというのは、このコンビエ家を指すのであろう。ルイの妻がヴェルニーの父ないし母と兄弟であったのではなかろうか。であれば、ルイの息子はヴェルニーの従兄弟になり、彼の嫁がサンテチエンヌから嫁いでいたのではなかろうか。後の九日の記事からそのように思える。しかし、コロンビーがコンビエ家を指すものであるかどうかは検討の余地がある。
(17) **トウール**：サンテチエンヌの北北東に位置するラ・トゥール・アン・ジャレか？。
(18) **プイ**：直線距離でサンテチエンヌの西南約六〇キロに位置するル・ピュイ・アンヴレーでなかろうか？。しかし、サンテチエンヌとプイ間の距離は約一〇〇キロ。汽車で約三時間を要する記述になっている。ル・ピュイ・アンヴレーでは若干サンテチエンヌから近すぎるようにも思える。
(19) **リヨン**：フランス中部、ローヌ川とソーヌ川の合流点に位置する大都会。紀元前のローマ時代から絹織物業が栄え、現在は商工業、交通、学術の中心都市である。清水誠が渡仏した頃は人口四五万人ほどでパリに次ぐフランス第二の都会であった。

四　「佛蘭西遊国日記」

佛蘭西遊国日記（1）

西洋第八月廿日　千八百六十九年

佛国マルサイユ（2）港　同国第三都　着後三日ニし而ウエルニー（3）」の（ママ）生村ヲーブナ（4）」邑《むら》ニ行きたり、其後ハ小生と（ママ）岡田子（5）と而已同港ニ居而執行す、意外ニ今日ウエルニー再度同港ニ来ていふ、当時ハ少し閑暇《かんか》を得候故ニ小子ら器械学校を相尋ぬべし、同道し而今より「エーキス（6）」邑ニ行かんといへり　此邑ハ学校而已ある地ニし而高名なる処也　意外之事なれバ喜ふ事かぎりなし、即朝第十一時十五ミニートニ蒸気車ニ乗し而、午後第一時十九ミニートニ着したり「マルサイユ」港より同処迄ハ日本七里（7）斗《ばかり》之距離なり、賃銭ハ第二等ニ而似弐朱（8）斗なり、即学校ニ行きて惣督を尋るニ昼食ニ行きていまだ不帰といふ、今一時半斗を過ぎて来たらハ面会を得べしと僕いふ、依而市中所々見物する

（1）**佛蘭西遊国日記**：さいたま市、岡田和恭家所蔵。本史料は、一六センチ、墨付き十八丁、横書き罫紙の罫紙を無視した縦書き記述。表紙は無く、冒頭に佛蘭西遊国日記と記し、月日を示して日記風に記述が始まる。岡田家の先祖は家禄五〇〇石の加賀藩士、幕末明治初期には岡田雄次郎が活躍した。明治二年（一八六九）、横須賀製鉄所に雇われていたフランス人技師ヴェルニーの一時帰国に、彼のもとで学んでいた加賀藩士清水金三郎（誠）と岡田雄次郎の当時十三歳であった長男丈太郎が留学

内、公事場(9)場(重復カ)之前を通りたり」ウエルニーいふ、爰ニ入りて暫時見物せんと、即入而見物するニ見物人ニ而満庭せり(ママ)、公事場奉行ありて罪之軽重得失を論し、伝令官ありて其罪を云渡し、守護人ありて罪人を少し(で欠カ)も軽罪ニ導かんとする、其他聴聞人ありて始終事之始抹を聞き公事場奉行之判談之相當不相當を察し、若シ意ニ不叶事あれハ之を奉行ニいへバ、奉行亦再考せさるを不得、公然たる事真ニ世界江打出して之議論也、我輩満庭之見物人、もし、奉行之罪を見れバ速ニ新文紙(10)ニ出し而、其罪を挙ク、奉行久敷位を持する事を不得、勤めて大《たい》公無私《こうむし》(11)至適《してき》之刑を不行を不得○再度学校ニ行きて奉行ニ逢ひ情実を聞、此学校ハ政府切入り之学校故、他国人入る事不能、加之此学校ニ而ハ読書半分業前半分を不学而ハ不相成、小生ニハ少し不適なるを以、敢而入る事を不好、学校中所々見物するに鋳物場、大工場、鍛冶場、舎密所(12)等器械学ニ属したるもの不備るなし、○後午(午後カ)第四時二十五ミニート蒸車し(乗カ)而六時一「ミニーウト」マルサイユ江帰港セリ」七里余

を目的に同行し、渡仏した。マルセイユ到着後、清水が八月二十日から九月十五日にリヨン経由でパリに向かうまでの間、南仏での体験を綴った日記である。

(2) **マルサイユ**：マルセイユ。146頁の注(1)参照。

(3) **ウエルニー**：ヴェルニー。146頁の注(2)参照。

(4) **ヲーブナ**：オーブナ。146頁の注(3)参照。

(5) **岡田子**：岡田丈太郎。147頁の注(4)参照。

(6) **エーキス**：147頁の注(5)参照。

(7) **七里**：一里は、約三九二七メートル。七里は約二万七五〇〇メートル。

之道を往来壱歩(13)斗ニ而、三時余りも在留し而日本四ツ半頃ニ出立し而同暮頃ニハ帰るとハ便利なる次第也○途中ニ而高大なる橋を見たり、其高サ三十間斗長サ百間斗(14)、山頭より山頭ニ渡る左之略図を見玉へ」ウエルニー」いふ、是ハ橋ニあらず、マルサイユ港所々之堀ぬき、且、六階、七階住居之処得も井より水を不取水桶之のミ(15)をぬけバ、水之出る様ニ仕懸けたる水樋也、此水樋出来候而最早二十年にも可相成、其頃ハいまだ器械学者工精ニあらずし而橋之為三十万両(16)斗を費やしたり、今日なれバ第一図(17)之代りニ第二図(18)之如ク作るべし、左すれハ用ハ同事ニ而価ハ半高にも不及べしといへり○三十万両も費へたる品故立派なる事、実ニ不可云、橋類ニ而ハ此橋を世界第一とするといへり、尤不残石作り故、真ニ高大ニ見ゆる

第八月廿一日

朝第六時三十ミニート」乗車し而、ウエルニーと共ニ「トウロン(19)」ノ造船場を見ル為ニマルサイユ港を発ス、途中「ヲーバキ(20)」邑ニ

(8) 二朱：一両は四分（歩）、一分（歩）は四朱であるから、二朱は八分の一両である。

(9) 公事場：裁判所。裁判官、弁護士、検察、傍聴人などにどのような語彙を当てるべきか困ったとみえ、公事場奉行、守護人、伝令官、聴聞人などといった表記が見えるのも興味深い。

(10) 新文紙：新聞紙。

(11) 大公無私：利己的な心が無く公平で正しくある事

(12) 舎密《せいみ》所：147頁の注（6）参照。

(13) 壱歩：四分の一両。

(14) 高サ三十間斗長サ百

第九時三十「ミニーウト」ニ着したり、同邑ハ石炭の産地故、種々石炭釜を見物し而、午後第一時四十二「ミニート」逌居たり、同時乗車し而「トウロン」ニ行ク途中、亦「シオタ(21)」邑とて佛国飛脚船造船場あり、同処ハウエルニー朋友等居るを以て、亦午後第二時十ミニート」より八時十「ミニート」逌居て造船場を見物したり、纔《わずか》ニ佛之一商会ニ属したる造船場なれ共、高大なる事日本政府造船場(22)之横須賀ニまされり同所之職人ハ三千五百人斗ニ而頻《しき》りニ造船ス、此商会四百馬力等之蒸気船七拾艘余を有す、日本横須賀之職人ハ日々千人斗也、大小顕然とし而明白也、○此港在中一之心外なる事出来せりウエルニー」親類之もの方江同人同道行きたるニ主人ハ挨拶をしたれ共、妻と娘ハ挨拶をせず、帰る時亦同じ、暫時所々見物之後、夕食時ニなりたりウエルニーいふ」刻之親類方江行食せると、予不欲《ほっさず》といへとも今日着之地、外ニ様子も不知、不得止ウエルニー共ニ行、亦失礼前之如し、予憤怒、ウエルニーニ其事をいふて家を出んとす、同人いう敢

間斗：一間は一・八一八メートルで、三十間は約五四・五メートル。百間は約百八十二メートル。

(15) のミ：のみ。桶などの下方に穴をあけ、水などを貯める時や排水する時に使う栓を言う。穴をのみ口という。

(16) 三十万両：当時一両が現在の五万円程度とすれば、百五十億円。

(17) 第一図：120頁の図参照。

(18) 第二図：121頁の図参照。

(19) トウロン：ツーロン。147頁の注(7)参照。

(20) ヲーバキ：148頁の注(8)参照。

(21) シオタ：ラシオタ。148頁の注(9)参照。

而失敬ニあらず、外国人と之交際ニ不馴故如斯也と」、然れども、不聞受し而出る、漸《ようや》ク料理店を見出し而食する事得たり、翌朝亦ウエルニー予ニ非を與へんとず《(すカ)》予答へていふ」もし一度人の無礼するを許せバ、人亦無礼す、遂ニ万人ニ不屈を得ざるニ至る、公万人ニ屈するを好むや」ウエルニー黙し而去ル」、○第八時「十ミニユート」当地を出立し而、遂ニ「トウーロン」港ニ第九時二十「ミニユート」ニ着したり、○マルサイユ港より當地「トウーロン」迠日本十七里斗之地なるニ、道中ニ惣計二時斗を費し而其他ハ所々を見物し而、価は第二等ニし而三歩斗也、蒸気車之便利実ニ言葉に云ふ事不能

廿二日

今日、日曜日故、造船場閉止、記すべき事なし、夕刻ニ至りウエルニー朋友大砲製造局惣督方江行ク、ウエルニーいふ、此人製造局ニ居れ共、大砲隊之頭なり、佛国ニ而ハ、常ニ大砲製造局之頭ハ大砲隊之頭ニあらざるを不得といへり

(22) **政府造船場**：幕府が創設した横須賀製鉄所。ツーロンの造船場を訪ね、横須賀のそれと比較し、ドック、鋳造所、煙突などの規模の大きさに驚くとともに、軍艦の大きさ、性能などの進歩についても感心している様子がうかがえる。ヨーロッパでは十九世紀の中ごろには、帆装と蒸気による外車機関の併用が始まり、スクリュープロペラの実験の成功、造船材料としての鉄の使用も始められていた。一八六〇に完成したイギリスの軍艦のウォーリアー(九〇〇〇トン、長さ一一四メートル、蒸気

廿三日

今日、ウエルニー」と造船局ニ入りて見るニ高大、筆ニ尽しかたしといへども、大砲横須賀之十倍なるべし、一建物之内ニ而大軍艦四艘を作て居れり、其他小艦製作之建物ハ数多あり「ドック」ハ四ヶ處ありて甚タ広し、いづれも入船し而あり、其他鋳造場之実備煙り出し之高サ四十間斗也、当局ニハ火焼キ等敢而上手なる事を不要、品ニハ多分罪人を使ふ、其罪人ハ弐人宛互ニつながれて壱人働きする事を不得、壱荷を運ぶニ両人ニ而肩ニかずき亦両人ハ素手ニ而共ニ進歩する而已、甚タ不便ニ見ゆる、日本之罪人使用ハ壱人宛、はなし而使ふ、いづれが是なるヤ」、当港ニ巨大木製之軍艦、満海し而あり、ブエト」といふ器械学者いふ」此数多之軍艦委ク用ニ不立也、むかし結構なる軍艦なれ共、刃鉄《はがね》(23)作り本込ミ之大砲発明後、最早用ゆる事不能、唯荷物運送等備ゆる而已、近年ハ四寸(24)斗之厚鉄を以船艦を作り、漸ク新発明之大砲を凌《しの》ク」且いふ、其時ハ三組四組大砲を備へ数百挺を置き

機関、速力一四ノット)は鉄製船体で、備砲の数を減らす代わりに強固な防禦船体となったという。清水が訪ねた当時は、フランスでもそのような軍艦製造の変革期であったことが史料からうかがえる。

(23) **刃鉄**：鋼、刃金。炭素二・〇〜一・〇%を含む強靭な鉄。

(24) **四寸**：一寸は三・〇三センチメートル。四寸は約十二・一センチメートル。

たれ共、当時ハ右新大砲を纔《わずか》ニ而備ふる而已、然れ共、用むかしニ倍ス事論する處ニあらず、○午後乗船港内遊周遂ニ一大軍艦ニ行きたり、此軍艦ハ練兵船ニ而異類之砲銃を備へ、数百之兵卒ありて頗る鍛練す、此船稽古船ニ備へあるといへども、中ニ厳備ニ見へたり

二十四日

一、早朝より「トウーロン」ノ新港ニ行きて見るニ港口ニ鉄橋を懸けてあり、此鉄橋始終大艦之出入毎ニ開閉す、其仕懸、実に驚、○此港地ハ本ハ「トウーロン」町ノ壱郡なりしが四年前より此新港を作る為メニ悉《ことごと》ク家屋を潰したり、尤町地なるを以、悉ク如斯クニ掘り揚ケたり、夫を掘り揚るニハ土掘器械を用ひて些少も人力を不費候故ニ、格別之大金を不用といへり」新港之海岸ニ一鉄道あり、此鉄道造船局附属之鉄道ニ而、当局より鉱山(見え消し)炭ノある石炭山(25)迠之鉄道也」石炭而已之為メニ鉄道を築ク、少事といふべきや」○夕七時四十「ミニユート」ニ(ママ)トウーロン」港を出立し而、第九時四十四ミニユート」マルサ

(25) **石炭山**：原文では「鉱山炭ノある石炭山」とあり「鉱山炭」が見え消しとなっている。「鉱山炭ノある」までを見え消しとすべきであったと思われる。

イユ港江着きたり

廿五日

一、今日岡田子を塾より連れて午後第九時四十五ミニユート、マルサイユ港出立「ウエルニー」同道、同人之生地ヲーブナ邑ニ発ス

二十六日

一、今朝第八時頃ウエルニー父兄方江着きたり、同人之親類実ニ多数ニし而幸栄ニ見ゆる、伯父ハ当年八十八歳ニ而眼鏡を不用、歯も一本も不落壮健至極也、父母之年(26)ハ不知といへども是も相応之とし也、父兄等悉ク紙商売にニ而大細工場ニ而いずれも紙を製作せしめ、第一番之兄ハ、マルサイユ港ニ而紙を第二番と第四番之兄弟ハ父方ニ居而製作場之指図をなし、相応富饒《ふじょう》ニ見ゆる、ウエルニーハ、第三番之子息ニ而、独り政府之士官也

廿七日

一、右ヲーブナ邑より三・四里之地ニ「ワルス(27)」といふ村あり此

(26) **父母之年**：ヴェルニーの両親のこの時の年齢は父であるマテュー・アメデ・ヴェルニーは五九歳、母であるマリー・テレーズ・ブラシエは五七歳であったと思われる。根拠は、ヴェルニーの生まれたのが一八三七年十二月二日。翌日提出された出生届によれば、当時父マテュー・アメデは二七歳、母マリー・テレーズは二五歳であったと記録するからである（富田仁・西堀昭『横須賀製鉄所の人々―花ひらくフランス文化―』）。

(27) **ワルス**：148頁の注（10）参照。

地薬水之生たる地ニ而、夏時ハ数多之旅客あり、国之山中(28)の如し、其薬水を以、湯をこしらへ種々之病を治ず《(すカ)》、「ウエルニー」の妻、病気いまだ不癒、今日も此湯ニ行を以、小子幷ニ岡田子も同道、ウエルニーも共ニ此村ニ行きたり、不相替之人集りニ而、中ニ一興ありたり、其出水地之内、一之妙なる地あり、第三時毎ニ甚タ強ク出水、高サ三間斗ニ吹きいだす、甚タ佳景あり、○ウエルニー妻此村ニ在留するを以、「ウエルニー」も同処在留せり、小子、岡田子等夕景ニいたり同人父方江帰る

廿八日

一、今日可記事なし

廿九日

一、今日、日曜日なるを以、「ウエルニー」親類不残、同人方江参会せり、是ハ伯父ウエルニー方ニ居るを以也、食事之節ニ四十三人ありたり、其に岡田子、小子今一人ハ親類ニあらず、其外ハ不残いとこ或

(28) 国之山中：148頁の注(11)参照。

(29) 西洋流之煩雑なる事：幕末維新期においては、日本における封建的な色彩の強い儀礼的な習慣と比較し、ペリー来航以降、欧米人に対し、また欧米の地を訪れ、その息吹に触れた人々の見聞録などの影響を受け、西欧的なきわめて合理的な考え方に触れた日本人は、欧米では何もかもが簡略であるとするような考え方があったことを示している。この時代のみならず、すべての分野において古い日本的な伝統を打ち捨てるような傾向があるなか、

ハおい、めいと悉ク親類也、○ウエルニーの三兄弟弐人あり、其内「ザベル」といふもの余ニいふ、日曜日ハ休日故、必日曜日毎ニ親類不残会参する也と、四十名も月に四度之振舞之儀繁なる訳也、○日本ニ而近頃簡略なる事を西洋流といへり、是ハ大なる間違ニ而簡略なるハ、「インド」或ハ「アフリカ」流ニ而、西洋流ハ煩雑至極なり、○夕食後老男女を除ク之外ハいづれも踊りたり、「アリス」といふ小女ウエルニーノイトコ也　予と共ニ踊り度きといふ、予尤西洋流踊りを不知を以て切り断るといへども、数輩予ニ踊を学ぶ為ニ踊れといふ、遂ニ此小女と西洋踊りをやりたり、○西洋踊り之事日本踊りと違ひ相応自重なるものニ而、日本之辻踊り之類ニあらず、舞或ハ能と比すべし、○数刻を厝て、亦「カロリン」といふ小女と踊りたり　亦ウエルニーのイトコ也　随分面白キ事でありたり、○西洋流之煩雑なる事(29)、如斯し

第三十日

逆にヨーロッパ人が伝統的な古い習慣を守っていることに注意を払わないのが日本人の姿勢であるのは、今もって変わっていないようにも見受けられる。同様の先入観を以てフランスの片田舎のオーブナでの体験は、清水にとって意外であったに違いない。フランスでの簡略でない親戚づきあいやダンスを体験し、「簡略であるのは、インドないしアフリカ流で、西洋流は煩雑至極である」との間違った感想を述べ、また西洋流の踊りであるダンスが、「相応にゆかしく品位のあるもので、日

一 今日ウエルニー」ヲジなる「ワルソ」といふもの方、小子並ニ岡田子と昼食ニ呼れたり、相応之馳走ニ而結構至極也○昼後岡田子等ハ玉投遊びをし而おれり、○小子と「モーリス」といふウエルニー」ノいとこと「ヲーブナ」邑ノ学校ニ行て見るニ 荘観美麗明倫堂(30)抔《など》の及ぶ處ニあらず其市中之人口を顧《かえりみ》れバ、纔《わずか》ニ七千人を不出、加之相応之貧邑也、○学術之為ニ心を欠失事可恐もの也」、ウエルニーいふ、元此学校ハ僧官仲間より建たるもの也、然し而市中万雑《まんぞう》(31)之中より年々四千フランクを此学校ニ与ふ、是ハ市中之もの之教育を助る為也とて、書生ハ年ニ弐ヶ月之休日を省き、残り十ヶ月之食料・衣服・洗濯料・室料・伝習料諸雑用四百フランクニ而可也、我五十両余也といへり、且いふ、外国人も自由ニ入学相叶也と

第三十一日

一、今日可記事身上ニ不落

九月朔日

本の辻踊りの類いではなく、舞ないし能に比すべき」と述べているのは、興味深い。ヴェルニー邸でのこのような体験は、清水にとって余程印象深いものであったのだろう。

(30) 明倫堂：148頁の注(12)参照。

(31) 万雑：自治体や集落などの費用、各個人に分担して徴収した。

(32) 小松などの糸絹製作人：安政の五カ国条約締結で、翌安政六年

一、今日「ウエルニー」親類「ポールノデイデイ」といふもの方《（ママ）》ハ糸製作場ニ行きて見るニ蒸気器械と水車器械と両様を用ひて、かいこより糸を取り糸を合し織ル迠ニ仕上ル也、其糸を取る糸を合集する周《まわり》を洗ふニ足る、日本之カイコも数多ありたり○予おもふ、小松などの糸絹製作人(32)、壱度爰ニ見れバ言語不通とも莫大之益を得て途中諸雑用等之償ひハ壱年を不出し而出来るべしとおもへり○ガス灯場ニ行きて見るニ器械至極軽易也、今日ニし而小生之手ニも出来叶とおもふ斗也、如斯《かくのごとく》かろきもの何ぞいまだ日本ニ製作するものなきや、○此器械ハ石炭を焼所　当蒸気釜之如し、ガスをさらし桶壱ツ、其ガスをこめ桶壱ツ、此三ツ而已ニ而更ニ六ヶ敷なし、其他ハ只地中を掘りて所々ニ通る而已也

第二日

今日可記事なし

第三日

（一八五九）から横浜、長崎、箱館の三港で貿易が始まると、生糸や茶、海産物とともに蚕卵紙も多く輸出された。フランスの山岳地帯でも蚕産に必要な日本から輸出された蚕卵紙が使われていたことがわかる。日本でも大坂周辺や北関東などの一部では天保期頃からマニュファクチュアも見られたが、明治初期においても多くは家内工業的に行われていた。このようなことから清水は、加賀藩の絹織物の中心であった小松地方の絹職人に見せたいものだと思ったのである。

今日同断

第四日

今日「マルパ(33)」といふ地之紙製作場江行きて見る 是ハウエルニー伯父ノ私有物也 甚タ高大ニし而、紙細工機械三通を備へり、此紙之はなし委細ニしたし、如何となれバ余り軽易なる次第なり、日本ニも是をはしめたらバ格別日本紙而已を製するニも余程之益あるべしとおもふ故也

一、第一番ニ麻と綿と之つぎ(34)を諸国ニ買求むべし絹或ハ毛織之品ハ紙ニならず、○第二番ニ其を委細ニよりわけるべし、先ツ麻と綿を大分し、さて麻中之上中下をわかつべし、上ハ白クし而、細きもの、中ハ中白ニし而、ふときもの、下ハ黒クし而、亦ふときもの也、之を見分るニハ何分人力ニよらざるを不得、○弥《あまねく》撰分チたる上ニ而、其後大なるものハ小切りすべし、○小切りしたる上ハ最早人力を費す事なし、○然る上ハちりを取払ふべし、器械あって人力不費、○ちりを払とる上ハ之を洗ふべし、即チ長サ弐間斗ふとさ五尺斗之「シソンド

(33) マルパ：位置など詳細は不明

(34) つぎ：衣服などの破れを繕うことを「つぎをあてる」というから、不要となった布のことであろう。

ル釜中ニ而、之を洗ふ、此シソンドル始終旋回して蒸気ニ而、充備せり、其形チ(35)如斯し

○洗ふたる上ハ之を洗ひ、之を細末にすべし、則器械あつて人力を不労、其器械(36)甚タいふニ六ヶ敷といへども大略を示ス

一、イなる転じ車、蒸気之力ニ而、始終廻旋する故ニ桶中之水亦始終旋廻するニ従ふて、桶中之綿亦布流周す、然る時ニ転じ車ニはさまれて切らるる也如斯第三時斗を暦れハ不残大約細末となる也

一、ロなる車ハ始終水を替ゆる車ニ而割図上面之處ハ極細き針鉄網ニ而覆ひ、横面図ニ見ゆる歯車ニ而濁水を汲ミ揚け捨る也

一、ハなるものハ清水を入るゝのミ口(37)也、是ニ而始終濁水を捨るを償ふ

一、さて、前時之如ク第三時を暦て、漸々白ク且細末ニなりたる上極細末なる目之車ニかけて今一度強ク細末ニすべし水之事等都而、初之如し、亦第三時半斗を暦てはじめて極細末ニなる也、其上ニ而

(35) **其形チ**：134頁の図を参照。

(36) **其器械**：134頁の図を参照。

(37) **のミ口**：155頁の注(15)に同じ。

程々薬合し、紙ニする様ニ仕度し桶中ニ入れ此桶より直ニ紙器械ニ流るる様ニ仕懸ける也、今其極略図(38)を記ス

イなる桶より紙になるべき糊リ之如キもの流れ出て、ロなる處ニ而厚荷をならし、ハなる處ニ而少々紙をしめ、ニ、ホ、ヘ、ト、チなる處ニ而紙をかわかし、リなる處ニ而紙を切る之順序をこしらへ、ヌなる處ニ而紙を切リ、ルなる處ニ而寸歩を不違切られたる紙参る也、○如斯く流動物より図形体となり、其中思ふ通リ之寸法之紙となる事一瞬間ニ山をなす、実ニ可驚可恐事也、此器械ハガス灯器械ニ比すれバ余程手数ニ而、甚タ六ヶ敷し、然し一度器械を備えたる上ハ余程之益あるべし

一　今日漸クウエルニー「ワルス」ノ薬水より同人之妻と共ニ帰りたり夕食後、種々橋之閑話ニ及ぶ、「ウエルニー」いふ、日本ニ而ハ萬般政府及び大名之手ニ而事をなす故、民不喜、フランスニ而ハ不然、鉄道或ハ大橋等民之をなす也、乃至爰ニ一河あり、いまだ橋なき地な

（38）**其極略図**：135頁の図を参照。

り、一商あり、爰ニ橋をかけ、百文宛、或ハ五十文宛ニ而渡す事ニすれば相応益ありとおもふ、則政府ニ請ふて免許を受る上ハ橋をかけて之を商売とする也、仏国鉄道之如きハ不残商会持ニ而政府ハ只其民ニ便利なるを喜び之を民ニ許す而已也、故ニ頻《しき》りニ考へて、便利なる事を仕出し、金を得る也、且政府もし一ヶ処ニ橋をかけんとおもふて、其金を不持れバ、則之を希（布の誤りカ）告し而いふ、何地ニ一橋入用也、望人あらバ云出すべしと、さすれバ其事情得失を考へ、もし、よしと思ハゞ、早速政府ニいふて免《ゆる》しを受、橋をかけ、一人百文とか弐百文とかを取て商売とする也、日本之如ク事毎ニ金を民ニ無理取りして政府而已ニ而事をする之類ニあらず、如斯し而ハ民不喜而已ならず、実ニ国家之不益、政府之不策といふべし、頻りニ民ニ彼自己之為ニ働ク様、折角不仕懸而ハ国ハ急ニ不開也といへり

五日

一　今日午後一時ウエルニー方出立「ウヤン(39)」町ニ而止宿ス、是ハ

(39)ウヤン：ウラン。149頁の注（14）参照。

着後いまだ小生之学校不相定、夫故ウエルニー同道、所々学校尋ねかたがた、鉱山等見物せしが為也、岡田子も同道セルとおもへども、彼是数日可相懸途中等過分之入費を不益ニ費すハ不経済なるを以、ウエルニー兄及び其子供と同道、近日マルサイユ港是迠之塾江帰る事ニいたしたり、○ウエルニー方より「プリワ(40)」といふ地迠七里斗之間、蒸気車なし、馬車ニ而行クニ高山を不超而ハ不相成といへども道路学者之上手なるを以、高山も尚平地之如ク馬車ニ而安々と行を得る也

六日

一　今朝第六時ウヤンを出立し而「サンテチャン(41)」邑江午前十時至着したり、当邑ニ而ウエルニー」ノいとこ「コロンビー」なる嫁娶するを以、両三日在留之図り也、○ウヤン」ヨリ「サンテチャン」迠始終高名なる仏国之大河「ローン」の河端を通る、此辺実ニ器械場処多ク、真ニ石炭煙の為ニ天日を見る事不能、尚曇天之如し、○何故ニ如斯当地ニ蒸気器械場参りたるやと問ふニ、此辺石炭山ありて其価《あた》ひ、

(40) プリワ：149頁の注(15)参照。

(41) サンテチャン：サンテチエンヌ。149頁の注(16)参照。

甚タ下直也、故ニ人多ク爰ニ蒸気場を備る也といへり

七日

一、当邑ハ政府之小銃細工場あり、甚タ広大也、惣計八百馬力之蒸気器械を備へて種々を製作せり、同局在中小銃之力様《ため》シをなしたり、図之如ク(42)小銃を備へ、一時ニ百挺余を様《ため》シたり、○破裂銃ある節ハ人沾損ずるを恐るゝ故か、堅固なる小室を立込メエレキ力ニ而伝火したると見へたり、○当邑ハ鉱山近なるを以鉱石学校あり、ウエルニーと共ニ行而見る、敢而珍敷事もなけれども鉱種、石種、土種等悉ク集めて大室ニかざりあり、甚タ珍重ニ見ゆる

八日

一 今日ウエルニーと共ニ鉄細工場江行きて見るニ、鉄道ニ用ゆる刃鉄線等を練釧する事、我国之あめ細工之如し、鉄をのこぎりニ而引切リ曲節を直す等之軽易ニ見ゆる事、筆ニ尽しかたし、是一科之学文人あり、早ク来て学ぶべし

(42) **図之如ク**：138頁の図を参照。

第九日

一、今日「トウール(43)」地ノウエルニー」おば方江昼前より行きて馳走ニなり也、此地ハブドウノ名物ニ而多ク酒を作る、山中之一高地ニし而「ローン」河を下ニ見シ、亦一景あり、牛十疋余、馬壱疋、兎三・四十、「ジャメン羊」弐十斗、鶏三・四十疋斗も所持し而、甚タ富長ニ見ゆる○牛馬之事、独リ是而已ならず「ウエルニー方」ニも馬五疋、馬車四ツ、其他鶏・兎等右ニ同じ、我国ニ而五馬も所持するもの大名といふて大きなる顔つきなれ共、西洋ニ而ハ不残小邑之紙屋之しれざり（るの誤記カ）也、○今日道々之はなしニ此間中之嫁娶ニ及ふ、其事情を聞クニ、むこハ「ウエルニー」と同邑ニ而「サンテチャン」沾ハ三十里斗之距離なり、然るニむこハ弐ヶ月前より「サンテチャン」ニ来てむすめと逍遙或ハ芝居見物等ニ行、互ニ悉ク心情等を黙写ふし、其上ハ矢張媒人ニいふて婚姻之酌をなすよし也、○さて、婚姻書をしたたむる前ニ、両方之親類互ニ会合し而、異存なく且満悦之段を一紙ニ記

(43) トウール：149頁の注(17)参照。

ス、其上ニ而寺ニ行きて、弥夫婦之誓を結ぶ、○其後不一定といへども三・四日斗親類・朋友を呼て馳走するよし也、○婚姻之礼甚タ手重ニし而、いづれも礼服を着し、礼式之帽子を着ス○舞之順序等我国之焼香之如ク血親之遠近によつて順序あるよし、甚面倒なる次第也○且嫁娶之約すべて婦人方ニ而なし、初日ハかならず婦人方ニ而共ニ寝室ニ入る也○其後三・四日饗応馳走し、むこ方江帰る○帰りたる上、亦三・四日饗応之礼式あるよし、面倒至極、余リ手重なる次第ならずや○右婦人之小道具・衣服等をのぞき持金而已壱万五千両斗之由、むこも大約同様之私有金を所持するよし○婦人ニ而壱万五千両といふてハ日本耳《のみ》ニハおちつかざるべし○此婚姻然らハ非常富饒之婚姻かと尋ねたるニ中ノ上なるものニし而、敢而非常といふニあらずとウエルニーいへり○午後第十一時頃「サンテチャン」ノ旅宿ニ帰る

十日

一、朝第八時五十ミニート」ニ「サンテチャン」を出立し而「プイ

(44)」といふ高名なる霊地江行きたり、午前第十一時四十「ミニート」邑ニ着したり、此地辺ニハ「ウエルニー」之親類数多おる處也、さて此地之名物ハ「マリヤ」の大仏ニ而、市端ニ嶮岨高山あり、其頂上ニ此大仏を安置せり、鉄製ニし而十年前ロシアと戦ふ(45)たる時、奪取したる大砲を潰し而作りたるもの也、則其写真一葉を副置也

十一日

一　今日「ウエルニー」おバ、「マタムヨード」方江昼食ニ行

十二日

当邑ノ刑法惣督ハ「ウエルニー」ノイトコ」ゲトラン」といふもの也、町ニ不居住而ハ三里斗之田舎ニ居住ス、今日、日曜日なるを以、少々閑暇を得たるよしニ而、小子輩・子孫を招ク、則行ク○「フレシダント」の事なれバ、甚タ富貴ニ見ゆる○役所より三里余を隔つる事甚タ不便ニ見ゆるが、馬車ニ往来すれバ、時を不移出勤するを得る、且副「フレシダント」と両人ニ而勤むる故、三日宛交々ニ而勤むるよし、

(44) プイ：149頁の注（18）参照。

(45) ロシアと戦ふ：ロシアとオスマントルコ・イギリス・フランス・サルディニア連合軍が戦ったクリミア戦争。十年前は多少正確さに欠ける。

甚タ自由之事也、○種々刑法之はなしニ及ぶ「フランス」ニ而ハ、決し而人をたたく之非法を不為、訴人ありて某誰ハ何物を盗ミたり、何事をなしたりといふ、則其者を呼びだし而事実を問ふ、もし、欺て其実を不言とも「フレシダント」ニ於いて、其事疑ふ處なければ彼ノ言葉を不得し而、適当之刑ニ処ス、如何となれバ、訴人十人ありて某何ものを盗ミたりといふ、盗賊之徒亦弐十、三十出て、其事ハなき事也といふ、本人ハ素よりなき事なりといへバ、十人之善良訴人潰れねバならぬ形チなれ共、豈可許ヤ、多少言語ニ不抱「フレジデント」ノ信ずる處ニよって言語を不得刑ニ行ふ也といふ、我国士官之咎を受るが如し○且いふ、もし、実を不真とおもふて人を打ち人を責め、其事真ニなき事ならバ、打チ責メたる罪、何を以可償ヤ、仏国ニ而も大古ハ如斯なりしが、当時ハ決し而人を打つ事なしといへり○小生おもふ、凡そ、人ハ天帝之愛民貴賤富貴少しも異なる事なし、然るニ我国之民百姓ハ些少之事ニもこれを打、是を責メ士官ニ至りてハ言語を不得し

而刑を下す、何を愛し何を悪むニよって如斯たがひあるや

十三日

一　午前五時十五ミニート」ニ「プイ」を立て「サンテチャン」ニ午前八時二十五「ミニート」ニ帰る、此道程二十五・六里斗なるが小川・小山・小谷等ありて甚タ悪地也、故ニ日本弐十五里斗之間ニ弐十余のくりぬき穴あり、此地之鉄道ハ甚タ高価ニつきたりと見ゆる○第午後三時五十三「ミニート」ニ「サンテチャン」を出立し而、夕五時五十「ミニート」ニ「リヨン(46)」ニ着したり○今日ウエルニー父より同人紙面を得たり、其文中ニ而今日沾岡田子右父方ニ在留、今夕「ウエルニー」兄弟とマルサイユ港江と帰るノよし承る

十四日

一　今日「リヨン」在留「ウエルニー」と御(ママ)當地之器械学校ニ行ク、此学校ハ「エーキス」ノ器械学校と違ひ、専ら学術を責而、業前ハ壱周術ニ三度之学科なり、壱人年ニ七百フランク」、我百両不

(46) リヨン：149頁の注(19)参照。

足　教授料也、是ハ教授料迠ニし而、外宿セねバならず外宿料年ニ千弐百「フランク」と図り　我百六十両　其他衣服料等百両斗、惣用三百六、七十両ニ而よろしけれども此学校ハ教授方手ぬるく不可然処、「ウエルニー」いふ○午後「リヨン」ノ要水器械場(47)江行きて見る不相替高大切懸也、此器械場之水を「リヨン」ノ人民不残つこふ也、高サ六、七十間迠ニ水を揚るといふ

第十五日

一　朝第六時五十五「ミニート」ニ「リヨン」を出立し而、夕第六時ニ「パリス(48)」江着す、道程我国之百三十里(49)斗ニ而、第一等之賃金壱人五十七「フランク」、我国之七両余り実ニ便利なる次第なり

一　「パリス」之事情ハ吉井子等ニ御尋可被下候《そうろう》

(47) **要水器械場**：揚水器械場のこと。

(48) **パリス**：パリ。フランスの首都パリ。その後に清水はパリの名門、パリ・エコール・サントラル（パリ工芸大学）に入学する。

(49) **百三十里**：一里は、約三九二七メートル。百三十里は約五一〇キロ。

（注）

一、原本にはないが、適宜、句読点や並列点を付けた。
二、読みづらいと思われる漢字には（　）で振り仮名を付けた。
三、異字体の漢字や変体仮名は常用漢字や通常の仮名に改めた。
四、助詞などの者（は）、而（て）、江（え）などについては、そのままの表記とし活字を小さくして右寄せした。
五、抹消、修正、挿入された箇所は訂正後の表記とした。
六、「　」については、不統一で不備な記載となっているが、原文通りとした。
七、小さい字で二行ないし三行での説明書きがある部分については、全て一行書きとして活字を小さくした。
八、図については上下、左右が原文と一致していない。
九、賤称を使用した箇所があるが、正確に歴史的事実を認識するためで、差別を容認するものではない。

五　考察余滴

Ⅰ　佐野鼎研究の経緯と今後の課題

佐野鼎の見聞録『奉使米行航海日記』が昭和二十一年（一九四六）七月に金沢文化協会により翻刻され、『万延元年訪米日記』と改称され発刊された。しかし、佐野鼎の事蹟は今から少なくても四十年前頃までは、研究する人は極めてまれで、特に中央学会において日陰に置かれていたと言って過言ではなかろう。

そのようなことを示す端的な例は、嘉永六年（一八五三）頃を上限とし廃藩置県の明治四年（一八七一）を下限とし、その間に活躍した人物を対象としたという昭和五十九年（一九八四）九月に吉川弘文館が発刊した『明治維新人名辞典』にも、同年同月に雄松堂が発刊した『洋学史事典』にも、翌昭和六十年九月に発刊された『国史大辞典』第六巻にも佐野鼎の項目は見当たらないことでも明らかである。

私の金沢大学在学中に突然御逝去された恩師水上一久先生の「万延訪米の加賀藩士佐野鼎について」（『北陸史学』創刊号、昭和二十三年刊）が最も早い佐野研究の嚆矢であったと思われる。見落としがあることの誹りを覚悟でいえば、その後に佐野鼎に触れた主な研究成果は、次のように実にわずかであったように思える。

田村寿「建学の父佐野鼎先生略伝」（『開成学園九十年史』昭和三十六年刊）
斎藤徹雄「佐野鼎先生年譜」（開成会会報、複刊第十一号、昭和四十年刊）
田村寿「今の人よりえらかった佐野鼎先生」（『弘道』第七十八巻、第８１０号、昭和四十四年刊）
遠藤明子「日本における障害児教育の導入　佐野鼎と福沢諭吉を中心として」（『人間研究』第十二号、昭和五十一年刊）
徳田寿秋「地の夢・北陸黒衣列伝―佐野鼎―」（「北國新聞」紙上コラム、昭和五十四年）
赤崎まきこ『カレテ芽を拭く―佐野家の人々の足跡をたどって』（ブレイン創玄、昭和五十六年刊）
フラーシャム・N・良子「明治三年金沢藩女子英学生の系譜」（『石川郷土史学会々誌』第十四号、昭和五十六年刊、本論文は補足、改定して『開成会々報』第五十四号、昭和五十七年刊にも掲載された）
今井一良「佐野鼎の英学とTommy・立石斧次郎のこと」（『英学史研究』第十五号、昭和五十七年刊）
田村寿「全米に広報された　佐野鼎先生と開成」（『開成會會報復刊』第6号、昭和六十三年刊）
しかし、平成期に入ると、佐野に関する研究成果は、佐野が創始した現在の開成学園関係者、生誕地の静岡県や加賀藩に出仕したことによる石川県の研究者により深まりを見せ始めた。私が知るこの時期の佐野鼎に触れた主な研究成果は、次のようであった。

松島秀太郎「佐野鼎と長崎海軍伝習所」（『石川郷土史学会々誌』第二十七号、平成六年刊）

磯部博平『富士出身の佐野鼎と幕末・明治維新』（磯部出版、平成十年刊）

磯部博平など『万延元年遣米使節と加藤素毛・益頭駿次郎・佐野鼎』（磯部出版、平成十四年刊）

松本英治『佐野鼎と共立学校―開成の黎明―』（開成学園、平成十三年刊）

松本英治「佐野鼎の『学範』『共立学校規則』について」（開成学園紀要『研究論集』二十五号、平成十六年刊）

高田國義「佐野鼎の先祖由緒書」（『駿河』五十八号、平成十六年刊）

吉田國夫「佐野鼎から一葉まで―神田淡路町にゆかりの人々―」（『石川郷土史学会々誌』第三十七号、平成十六年刊）

渡辺金雄「佐野鼎の『訪米日記』と兼六園一般開放について」（『石川郷土史学会々誌』第三十八号、平成十七年刊）

松本英治「加賀藩における洋式兵学者の招聘と佐野鼎の出仕」（『洋学史研究』二十二号、平成十七年刊）

松本英治「万延元年遣米使節における佐野鼎の帰山仙之助宛書簡」（開成学園紀要『研究論集』第二十七号、平成十九年刊）

徳田寿秋「佐野鼎―幕末に太平洋を渡った加賀藩士―」（『石川自治と教育』六一五号、平成十九年刊）
松本英治「加賀藩士帰山仙之助のこと」（『洋学史研究』二十五号、平成二十年刊）
フラーシャム・N・良子「卯辰山養生所設立起源についての異論」（『石川郷土史学会々誌』第四十一号、平成二十年刊）
フラーシャム・N・良子「新史料による陸蒸気器械をめぐる諸動向」（『石川郷土史学会々誌』第四十三号、平成二十二年刊）
水谷仁「学問の歩きオロジー　共立学校・開成学園創立者　佐野鼎―『坂の上の雲』をみつめる人々を育てた人―」（『Newton』平成二十二年刊）
松本英治『ペンと剣の旗の下』（開成学園、平成二十二年刊）
布施田哲也「米国で初披露された将棋について」（『遊戯史研究』第二十三号、平成二十三年刊）
徳田寿秋『海を渡ったサムライたち』（北國新聞社、平成二十三年刊）
磯部博平『米紙から見た万延元年遣米使節』（磯部出版、平成二十二年刊）
田村芳昭「『1860年ニューヨーク』佐野鼎を探して」（『開成会会報』一一八号、平成二十六年刊）

中でも、この時期に佐野鼎が広く知られるようになったのは、松本英治氏が執筆された開成学園創立一三〇周年記念誌の『佐野鼎と共立学校―開成の黎明―』（平成十三年刊）と同一四〇周年記念誌の『ペンと剣の旗の下』（平成二十三年刊）の発刊であったと思われる。この二つの記念誌発刊の狭間の十年間で研究成果が多くなっていることがそのことを物語っていると思う。

その後、その延長線上で、平成二十五年頃から、東京では開成学園の関係者を中心に園の創立者である佐野鼎を研究し、彼を世に紹介することを目的に佐野鼎研究会立ち上げが話題となり、同二十七年に松平和也氏、内藤徹雄氏、松本英治氏、千葉乙郎氏、柳原三佳氏、佐野良彦氏、佐野誠氏で準備会合が持たれ、代表・松平和也氏、世話人・内藤徹雄、柳原三佳氏、顧問・松本英治氏という布陣で研究会が立ちあがったという。

私は研究会の立ち上げに深く関われ、平成三十年（二〇一八）の暮に佐野の生涯を描いた小説『開成をつくった男、佐野鼎』を上梓された佐野鼎の子孫で作家の柳原三佳氏が資料調査のために金沢にお見えになり、フラーシャム・N・良子氏を交え、情報交換をしたのは平成二十六年の秋頃であったと記憶する。その際に少しばかりの情報を提供させていただいたことから交流が始まり、その後、柳原氏から佐野鼎研究会の存在と以前から親交を結ばせていただいていた松本英治氏も同会の設立に関わられ顧問を務められているなどの情報と、同会への参加のお誘いをいただき、躊躇なく参加させていただいた。

この研究会に初めて参加したのは平成二十八年四月に開成学園会議室で開催された第三回研究発表会であった。昭和五十四年（一九七九）一月に「北國新聞」のこの地域の隠れた人物を掘り起こす「地の夢・北陸黒衣列伝」というシリーズで佐野鼎を紹介する短い記事を掲載して依頼、その後約半世紀間に自身の拙書や拙論、コラムなどで佐野鼎を取り上げてきたにもかかわらず、この研究会で報告される佐野鼎に関する研究成果には、初めて耳にする事や学ぶことが多く、また、研究会では、拙いながら加賀藩に招聘された佐野鼎の事績や、当時の藩政との関わりなどの報告や、地元金沢の「ふるさと偉人館」で研究会を開催させていただくなど、この研究会との関わりは私の老化防止と歴史研究めいた作業継続に多いなる活力を与えたのである。

　この研究会の発足で佐野鼎研究は急速に進展し、彼の手になる『奉使米行航海日記』もまた広く知られるようになった。その後、コロナ禍で会員が一同に参加することの中断、やむなくリモートでの対応というアクシデントはあったものの、発足後は、研究会は年に三ないし四回程度開催され、多くの新しい事実が紹介され、それを踏まえた形での研究成果も多く紹介され、令和三年（二〇二一）十月には、開成学園創立150周年を記念して、十一篇の論文と二十六篇の随想で構成される『佐野鼎研究』が研究会の手で編集・発行されたのである。佐野研究会発足以降から『佐野鼎研究』発刊に至る間に発表された主な研究成果は次のようであった。

内藤徹雄「佐野鼎遺稿・万延元年訪米日記を読む」（『開成・社会科研究部ＯＢ会誌』第十四～十六号、平成二十六～二十八号）

徳田寿秋『軍艦発機丸と加賀藩の俊傑たち』（北國新聞社、平成二十七年刊）

松田章一「幕末、訪米した加賀藩士・佐野鼎」（『北國文華』第六十四号、平成二十七年刊、本稿は分量が多く大幅にカットされ掲載された。カットされない全文は「幕末加賀藩士の見たアメリカ」と題するコピーレポートがある）

稲松孝思『『佐野鼎』―加賀藩近代化の知恵袋、開成学園創始―」（『十全同窓会会報』平成二十八年刊）

田村芳昭「ニューヨーク滞在中の使節一行の足跡と『桜田門外の変』の情報入手日時の特定」（第五回佐野鼎研究会での発表およびレジメ、平成二十八年報告）

松本英治「共立学校創立の経緯」（第九回佐野鼎研究会での発表・レジメ等、平成二十九年報告）

石原千里「1860年パウアタン号上におけるヘンリー・ウッドの英語教育」（『日本英学史学会東日本支部紀要』第十六号、平成二十九年刊）

高田國義「佐野鼎の先祖由緒書Ⅱ　なぜ鼎は江戸へ上ったか」（『駿河』七十一号、平成二十九年刊）

内藤徹雄「共立学校（開成高校の前身）を創設した佐野鼎」（『歴史研究』第六五三号、平成二十九年刊）

佐野鼎研究のこのような現状を踏まえ、今後、私は『奉使米行航海日記』を基に佐野の人物像に迫る考察を深めるべきだと考えている。先述した『佐野鼎研究』には、内藤徹雄「佐野鼎遺稿・万延元年訪米日記を読む―唯一の著作から佐野鼎の人物像を探る―」があり、この玉稿は記録の特筆すべき個所を取り上げ、佐野の人物像に迫ろうとするものである。このような成果に依拠しながら、今後一層研究を深めるためには、次の二つの研究成果を出発点にすべきではなかろうか。

第一は松本英治「万延元年遣米使節における佐野鼎の帰山仙之助宛書簡」（開成学園紀要『研究論集』第二七号、平成十九年三月刊）である。本玉稿は佐野鼎が万延元年（一八六〇）二月十五日にハワイを、同三月八日サンフランシスコを発する際に帰山に宛てた二通の書簡の様々な写しを紹介し検討を加え、最終的には『近藤集書』（金沢市立玉川図書館近世史料館所蔵加越能文庫所収）を底本とし、『上書集』（成瀬正居旧蔵、同）や『佐野鼎欧洲通信等』（金沢市立玉川図書館近世史料館所蔵）などと対抗し正確な翻刻をされた上で、この書簡中には『奉使米行航海日記』には見られない記述があり、松本英治氏は「書簡を読んだ人々にとって、鼎の見解は自らの海外情勢の認識の一助となり、鼎の幕府高官への忌憚のない言説は時論と政治批判への関心を高めさせたであろう」とされている。すなわち『奉使米行航海日記』は公的な性格を持つ報告書である故に、それに依拠するのみで佐野鼎の人物像を具現化することは慎み、このような書簡やその外の彼の残した記録をひも解き、総合的に考察すべきことを提起されているのである。

第二は、岡林伸夫『万延遣米使節におけるアメリカ体験の諸相』（平成二十八年九月、萌書房刊）である。本玉著は使節団の副使村垣範正の『遣米使日記』、随行を志願した脱藩中の仙台藩士で正使新見正興の従臣玉虫左太夫の『航米日録』、随行を志願した加賀藩士で幕吏益頭駿次郎の従臣佐野鼎の『奉使米行航海日記』を詳細に考察検証しているが、「第三章、佐野鼎のアメリカ体験」の詳述が最もまとまった佐野鼎研究の成果のように思える。この二つの研究を念頭におきながら、私はこれまで全国的にはあまり知られていない明治二年に渡欧した加賀藩士の手になる見聞録、清水誠の「仏蘭西遊国日記」と伍堂卓爾の「伍堂卓爾一世紀事」、を取り上げ、それらを『奉使米行航海日記』の記述と対比することによって、僅かでも佐野鼎の正確な人物像の解明の手助けになればと思って、本著の出版を目指したのである。

Ⅱ　伍堂卓爾に思いを馳せた経緯《いきさつ》

定年後、家庭菜園での野菜作り、少しばかりのボランティア活動、たまにお声をかけていただいた講演活動などのかたわら、これと言った趣味や特技を持たない私は、「研究者でも、物書きを生業としてきた者でもない素人のボケ防止策」として郷土史に関する研究めいたことを行ってきた。平成三十年（二〇一八）暮れに拙書『権術を弄さず野心は抱かず』（平成三十一年四月、北國新聞社刊）を発刊した後、これからの短い人生の余暇をどのように埋めるべきかを考えていたのであるが、この拙書発刊の数年前から、加賀藩に雇われ多大な功績を残し、明治初年に現在の開成学園の創始者である静岡県富士市生まれの俊傑佐野鼎を研究する佐野鼎研究会が発足し、その仲間に入れていただいていたので、その会での研鑽を今後の余暇活用の一つの柱に据えたのである。と同時にこれまでと同様にテーマを定めて、郷土史に関する研究めいたことを行うことをもう一つの柱に据え、この二本柱をこの後の人生の余暇の楽しみとすることにした。

楽しみの柱の一つであった佐野鼎研究会への参加は、令和二年（二〇二〇）の三月の第十六回三月の開催がコロナ禍で延期になって以降、開催が叶わず、私は開成学園創立150周年記念として、令和三年十月に発刊された『佐野鼎研究』に寄せた拙稿「佐野鼎の西欧技術導入への関わり―加賀藩の軍艦と陸蒸気器械類の導入―」の執筆以外、研究会参加による会員との交流、情報の交換などの楽しみが奪われた。

さて、もう一つの柱のテーマであるが、あれこれ考えていた矢先、コロナの蔓延という事態となり、その後コロナ禍は終息の気配が見えぬ状況が続き、外での史料調査や聞き取り調査、先学の教えを訪問し指導を仰ぐなどの機会を得ることが困難となり、手持ちの史料等で研究めいたことの作業が可能なテーマを探さざるを得ないことになった。

そこで、私は伍堂卓爾なる人物を研究めいたことのテーマとする決断をした。伍堂は佐野鼎より後年の明治二年に海外雄飛した生粋の加賀サムライで、佐野ほど膨大ではないが、海外への行程やヨーロッパでの体験をもとにした見聞録を残しており、いくらかの史料もすでに手許にあったことからの決断であった。

さて、私が「伍堂卓爾」なる人物と彼の事績を知ることになったのは、昭和四十九年（一九七四）三月に発刊された『石川県教育史』の編集執筆委員を委嘱され、幕末維新期の加賀藩士たちの長崎遊学や海外留学に関する史料の調査に当たったのが事の始まりであった。『石川県教育史』は三巻からなり、各巻が一二〇〇頁を超す大著であるが、私は第一巻では「藩政期の庶民教育」と「幕末維新期の教育」についての分野を担当させていただいた。

執筆委員に委嘱されたのは昭和四十六年（一九七一）四月で、その後、高校教員としての勤務の傍ら、史料収集に奔走したことを思い出す。その過程でまず、『加賀藩史料―藩末篇下巻―』（昭和三十三年四月刊）の慶応元年（一八六五）七月の条に加賀藩が藩士の子弟を選抜して五〇人ばかりを、洋学修業のために長崎に遊学させたとの文書があり、その出典名に「伍堂卓爾一世紀事」とあるのを眼にしたのが嚆矢であった。今から半世紀ほども前の私が三〇歳の頃の昔話である。

間もなく、私は金沢大学医学部が『金沢大学医学部百年史』を昭和四十七年六月に発刊されたことを知った。同年十一月に編著者である西田尚紀先生に電話でご教示いただきたい旨をお伝えし快く承諾いただいた。先生の研究室での長時間のご教示を得た後、帰りには激励をいただき、先生の達筆での署名入りの『金沢大学医学部百年史』をいただき、それ以降私は自身の研究めいた作業の過程で、この玉著をしばしば紐解かせていただいてきた。この著での伍堂の紹介は、それほど多くはないが、伍堂が金沢大学の基礎を築いたと言われるオランダ軍医のお雇い外国人スロイスの招聘に大きな役割を果たしたことを知り、伍堂への興味に拍車がかかり、「伍堂卓爾一世紀事」を精読することを急いだ。

さて、日置謙先生が『加賀藩史料―藩末篇下巻―』を編纂する際に引用された伍堂の履歴書ともいえる「伍堂卓爾一世紀事」は、金沢市立玉川図書館に付属する近世史料館が所蔵する「加越能文庫」に所収されており、明治二年（一八六九）に伍堂が藩命で渡欧した際の長崎出港からロンドンに至る「欧州行紀事」と題する旅日記風の記録が含まれている。この史料に当時の私は多いなる興味をそそられたのであるが、教育史を執筆するに際しては、教育史という出版物の性格上、伍堂の紹介に多くを割くことは不可能であった。

教育史の執筆を機会に、当時伍堂について記載する文献を探したのであるが、伍堂に関する文献は多くはなく、郷土の歴史研究に多大な功績を残された日置謙先生の代表的な業績、すなわち先述の『加賀藩史料』、『増補改訂加能郷土辞彙』（昭和三十一年八月刊、昭和十七年一月刊の復刻）、『石川県史―第三編―』（昭和四年刊、同十五年十二月再刊、同四十九年三月復刻刊）、その外、「伍堂卓爾氏の略歴」（『加越能時報』二五三号、大正二年四月刊）、伍堂談の「高峰元稑氏と余との関係」（同前）などの存在を知ったが、それらの内容のほとんどは「伍堂卓爾一世紀事」に依拠するものであった。

『石川県教育史』は、その後、第二、第三巻が作成され、私はこの事業から昭和五十二年（一九七七）三月の第三巻発刊で解放された。直後の同年十二月に刊行された『石川郷土史学会々誌　第十号』に、英学史を中心に幾多の玉稿を公にされ、多くの御教示をいただいた今井一良先生が、「お雇い外国人考（一）」を発表され、その中で少しばかり伍堂の事績に触れられたが、『石川県教育史』執筆の過程で、多いなる興味をそそられた伍堂卓爾と彼の手になる「伍堂卓爾一世紀事」が脳裏から離れなかったものの、その後、勤務校での公務の増大や、昭和五十九年以降の十三年間の教育行政での役人生活で、歴史の研究めいたことに費やすことの出来る時間が制約され、伍堂への思いや興味が徐々に薄らいだのであった。

しかし、そのような状況下でも、歴史、と言っても主に郷土史であるが、そのことに関する拙い論文めいたものや、郷土の歴史上の人物に関する紹介文、様々に依頼されたコラムなどを細々と発表し続け、必要不可欠と思われた書籍に自分なりに一応は眼を通すことを心がけてきたのであるが、ある時期から、かつて自分が大いなる興味をそそられた伍堂卓爾なる人物が忘れ去られ、歴史の中に埋もれつつあるのではないかという危惧を抱くようになった。それは私としては伍堂が紹介されてしかるべきと思う辞典に彼の紹介が見えないことから思いが募ったからと思われる。

この間に、私が自身の書架に収め、伍堂が紹介されてしかるべきと思った事典類を発行年順に挙げれば以下の通りである。

(一)『石川県大百科事典』(北國新聞社、昭和五十年刊、平成五年八月増補改訂し、再刊、子息卓雄の紹介あるも、伍堂卓爾の紹介無し)

(二)『日本近代史辞典』(東洋経済新報社、昭和五十三年刊、子息卓雄の紹介あるも、伍堂卓爾の紹介無し)

(三)『明治維新人名辞典』(吉川弘文館、昭和五十六年九月刊、子息卓雄の紹介あるも、伍堂卓爾の紹介無し)

（四）『洋学史事典』（日蘭学会編、雄松堂出版、昭和五十九年九月刊、伍堂卓爾の紹介有り）
（五）『国史大辞典　第五巻』（吉川弘文館、昭和六十年二月刊、子息卓雄の紹介あるも、伍堂卓爾の紹介無し）
（六）『石川県姓氏歴史人物大辞典』（角川書店、平成十年十二月刊、子息卓雄、伍堂卓爾両者の紹介有り）
（七）『長崎遊学者事典』（平松勘治著、渓水舎、平成十一年刊、伍堂卓爾の紹介有り、『洋学史事典』を参考文献の一つとしている）
（八）『書府太郎―石川県大百科事典改訂版―』（北國新聞社、平成十六年刊、子息卓雄、伍堂卓爾両者の紹介有り）

私の極めて少ない蔵書のみに依拠した、独善的な見解との御批判を恐れずに言わせていただくならば、昭和五十九年九月に発刊された『洋学史事典』で伍堂卓爾が紹介されたことが、埋もれそうになっていた彼がよみがえる契機になったと考える。何故ならば、『洋学史事典』とほぼ同時期に編纂作業が進んでいた『国史大辞典　第五巻』やそれ以前に発刊された『石川県大百科事典』、『日本近代史辞典』、『明治維新人名辞典』などでは、伍堂の子息である卓雄の紹介あるものの伍堂卓爾の紹介がなく、それ以降、すなわち『洋学史事典』発刊の昭和六十年以降の辞典には伍堂卓爾が紹介されるようになったからである。

ちなみに、伍堂卓爾に先んじて各種の辞典類に登場していた彼の息子の卓雄とは如何なる人物であったか触れておきたい。明治十年（一八七七）に卓爾の長男として生を受けた彼は、明治三十四年（一九〇一）に東京帝国大学を卒業、海軍造兵中技師に任官、その後順調に昇進し、欧米への出張により造兵技術の発展に貢献するなど活躍、大正十五年（一九二六）には造兵中将となった。その後、昭和製鋼所社長、満州鉄道理事長などを歴任し、昭和十二年（一九三七）に林銑十郎内閣の下では商工相兼鉄道相となり政界に転身し同年貴族院議員に勅任された。昭和十四年（一九三九）の阿部信行内閣では、商工相兼農相に就任、終戦後は戦犯に指名されたが、昭和二十二年（一九四七）に釈放され、同三十一年に死去した。

さて、埋もれそうになっていた伍堂卓爾を『洋学史事典』でよみがえらせた執筆者は寺畑喜朔先生である。寺畑先生は富山県ご出身で金沢大学医学部を卒業された医師であるが、医学史にも造詣が深く、若い頃には先述した西田尚紀先生の手になる『金沢大学医学部百年史』でも西田先生の片腕として活躍され、近年発刊された『金沢大学医学部創立百五十周年記念誌』でも編纂委員会の特別委員にも名を連ねられ、同誌には、かつて先生が発表された多くのコラム記事が掲載されている。また、先生は石川郷土史学会の会員でもあられ、同会の会誌や同会の月例研究発表会に幾多の研究成果を公にされ、医学史のみならず広く郷土の地域史研究に寄与され、郷土史学会の会員は多くの事をご教示いただいた。

伍堂卓爾についていくらかの興味関心を抱き続けてきた私にとって、平成十二年十二月に発刊された『石川郷土史学会々誌』第三十三号に掲載された寺畑先生の「伍堂卓爾の生涯とその系譜」と題した玉稿は、徐々に薄らいでいた私の伍堂への思いや興味を再び強くよみがえらせた。

「伍堂卓爾一世紀事」を基にして伍堂卓爾の事績や父又晋齊および彼自身の「先祖由緒并一類附帳」（加越能文庫）、息子卓雄氏の諸著書に見える回想記事などをもとにした伍堂家の系譜を詳述したこの玉稿は、私が書きたかったことのほとんどを網羅しており、また、私が不明であったことの多くを教えていただくことになった。

しかしながら、寺畑先生の玉稿には、この記録に含まれている異国見聞録に当たる「欧州行紀事」の内容については、伍堂らの渡欧の目的を知ることの出来る箇所、ロンドン到着後の去就を知ることの出来る箇所、ユトレヒトにおける行動とスロイス雇用に至るまでの経過を知ることの出来る箇所などの論述に際して原文は引用されて玉稿は構成されてはいるが、引用部分は全体からみれば、ごくわずかである。

寺畑先生は玉稿の冒頭で、この論文は「伍堂の生涯をたどり、その功業を顕彰し、併せて系譜を記述する」ものであると顕彰と系譜に焦点化した旨述べられていることから、引用された箇所以外の旅日記風のエピソードなどの記述部分にも興味はお持ちになりつつも、多くは割愛されたのではなかろうかと思われる。

であれば、私は「欧州行紀事」と題する旅日記風の記録を含む「伍堂卓爾一世紀事」は、明治初期の日本人が、一ヵ月半ばも費やして渡欧し、その際に利用した客船や汽車、立寄った港での様々な体験から、どのような世界観を身につけたかを知りえること、また、マルセイユ到着後に触れた西洋の息吹から何かを得ようと心掛けた気概を知りうる貴重なものであると考えた。

その後、私は寺畑先生の玉稿や平成二十年十二月刊の『石川郷土史学会々誌』第四十一号に掲載された金谷利勝氏の玉稿「加賀藩医師・伍堂卓爾の長崎遊学について（その2）」、平成二十二年十二月刊の同誌第四十三号に掲載されたフラーシャム・N・良子氏の玉稿「新史料による陸蒸気器械をめぐる諸動向」などを参考にし、いくらかの自説をまじえながら、自身の拙い著書やコラム、時折依頼された講演などで伍堂卓爾の人物像を多くの人たちに知っていただきたいとの思いで事績や渡欧の際のエピソードを紹介することを心がけてきたが、この際、「伍堂卓爾一世紀事」の全文を分かりやすく一般的な読みやすい文章で紹介することに大きな意義があるのではないかと考えるに至ったのである。

Ⅲ 「伍堂卓爾一世紀事」に見える「事故」とは何か

金沢市立玉川図書館所蔵の加越能文庫に収められている「伍堂卓爾一世紀事」によれば、慶応元年(一八六五)七月に、加賀藩は優秀な青少年五〇人ほどを洋学修業のために、産物方所有の西洋型帆船啓明丸に乗せて、七尾から長崎に派遣した。当時、満年齢で二十歳であった伍堂は私費でこの船に同乗することの願いを許され、長崎でフランス語や蘭医学を学んだが、明治の世となり、長崎医学校に付属する病院の薬局方の職に着いた。

その後、明治元年(一八六八)九月に職が満期となり金沢に帰藩し、家録五万石を有する本多家のお抱え医師となったが、直後に長崎再遊学が許可され、十月には長崎病院の当直医を拝命したやさきの同年三月末に藩の軍艦奉行岡島喜太郎が佐野鼎、関沢孝三郎、吉井保次郎を伴って伍堂のもとを訪ね、これから藩の御用を命じられて欧州に行くについて、伍堂にフランス語の通訳として、彼らに同行しその任に当たるために、長崎病院当直医を辞職するよう申しつけ、岡島は長崎裁判所知事の井上馨に伍堂の辞職を出願し、許可を受けたので、同年四月三日に一行はアメリカ船コスタリカ号で長崎港を出発している。

この欧州行きの藩の御用については、「伍堂卓爾一世紀事」の「欧州行紀事」の部分で次のように記されている。

其命ニ曰ク昨慶応四年十二月、仝藩軍艦奉行稲葉助五郎大望ヲ企テ学生四名（神戸清右衛門・不破與四郎・黒川誠一郎・馬島健吉）ヲ率ヒテ英国龍動府《ロンドン》ニ趣ク、此ノ行タルヤ藩命ニ非ス、自ラ大事ヲ計画シ軍艦及ヒ兵器ヲ購ヒ理化・器械・鉱山・医学等ノ教師ヲ雇入レ、且ツ引率ノ学生ヲ彼地ニ留学セシムヘキノ届出ヲナシ許可ヲ待タスシテ出港セリ、金沢ノ藩政彼レカ計画ノ一モ認可スヘキ勢力ナシ、故ニ汝等英国ニ至リ助五郎ニ面会シテ彼レノ計画ヲ飽《あく》マテ諫《かん》言《げん》シ藩命ヲ以テ停止セシムヘシ、万一既ニ彼レノ計画セル事業ノ若干ニ着手シアレハ若干ノ償金ヲ支払フモ苦シカラス、且ツ引率ノ学生ハ悉《ことごと》ク帰朝セシムヘシ、其準備金トシテ金二万弗ノ為替證ヲ渡スト（句読点・並列点・ルビ・異字体の変更・誤記の訂正は筆者。以下の引用でも同じ）

この記述の要点をまとめれば、以下のようになろう。

①軍艦奉行稲葉助五郎は、軍艦や兵器を買い付け、お雇い外国人を雇い入れ、西欧諸国に留学を希望する四人を伴い渡欧する大望を抱いた。

②この大望を実行するための申請を藩に提出したが、その許可の回答を待たずに長崎を出港したので、この行動は藩命とは言えないものであった。

③　藩内ではこの計画を認可する意見は少なかったので、藩は稲葉の計画を停止させる藩命を伝えるため岡島らの使者を渡欧させ、フランス語に堪能な伍堂を長崎から合流させた。

以上の記述があったものの、私は、軍艦や兵器を買い付け、西欧諸国に四人の留学生を渡欧させるという大望を申請して、許可を待たずに実行にうつすことはあり得ないとの思いが強く、拙書『前田慶寧と幕末維新』（北國新聞社、二〇〇七年十二月刊）で、「一介の軍艦奉行が藩に無断で四名の留学希望者を引き連れ、ヨーロッパに向かい、軍艦や武器の購入、お雇い外国人の招聘など、個人で出来るはずもなく、岡島らに対して、藩がもし彼らがすでに購入や招聘の契約をしていたならば、幾分かを賠償して契約を破棄させるよう命じていることからも、稲葉らの派遣は慶寧の政策として行われたものの、維新の激動期で何らかの事情で藩が関わっていない渡航にしなければならなかったとも考えられる」と、稲葉の渡航は、まったく藩が関知しない単なる彼の大望ではなく、藩主慶寧の政策として行われたものであると記述した。

このような記述をしたものの、私はその後、稲葉の渡欧は彼の独断の大望でなく、藩主慶寧も知っており、何らかの事情で、稲葉の渡欧目的の中止が藩の方針として決定されたのであれば、その間の事情を解明すべきであるとの思いに駆られていたところ、フラーシャム・N・良子氏の玉稿「新史料による陸蒸気器械をめぐる諸動向」（『石川郷土史学会々誌』平成二十二年刊所収）で、渡欧前に稲葉が、加賀藩が導入を企て、慶応二年に佐野鼎が長崎でロレイロと注文定約書を取り交わしたものの、品物が到着せず、ロレイロ側の定約違反を裁判に持ち込む騒ぎにまでに発展したが、稲葉がこの交渉に当たった事の詳細な内容と経緯を知ることが出来た。

特にこの玉稿の中で、「稲葉は（陸蒸気の）物品受け取り・（七尾への）運送放棄で無断渡欧」であったと、無断渡欧をことさら強調する風潮に対して「物品の到着・受取許可も見届け、出発二ヶ月前（明治元年十月）には約定書も渡し、渡欧出願はしているので、単なる放棄・無断渡航とは云えないのではないか」との見解を示めされた。この指摘で、私は稲葉がまったく許可される見込みがないのに、申請するはずがなく、稲葉は許可される可能性が大きい事を前提に申請したものであろうと勝手に推論したが、結論に迫ることは出来ないまま、拙著『権術を弄さず野心は抱かず』（北國新聞社、二〇一九年十二月刊）で、「私（慶寧）は明治元年十月に、西欧から軍艦や兵器を購入し、理化・器械・鉱山・医学などの優れた教師を御雇外国人として招聘することを目的にヨーロッパに渡航することの許可申請した軍艦奉行稲葉助五郎に渡航を許可した（中略）その後、稲葉は、同年十月に蒸気器械類の受け取り業務を終え、渡欧申請を出願し、同年の年末に欧州を目指し船出をしたというわけである」と、この拙書が学術的なものでないことを良いことに、史料の根拠もなく大胆にも述べ、その上、注記では、「伍堂卓爾一世紀事」には、稲葉の渡欧は、藩の許可のない渡航であったというが、渡航許可はとっており、伍堂の記事は信憑性に欠ける」と記し、出典として先述のフラーシャム・N・良子氏の玉稿を付記したのである。

読み返してみるに私のこの記述には、二点の誤解と不十分な点があり、この機会に訂正しておきたい。一つは十月に「渡航することの許可申請し」、その後、船出する直前にも「渡欧申請」をしたように誤解されるような記述となっているのは誤りで、船出直前にも「渡欧申請」をしたわけではない。二には、「伍堂卓爾一世紀事には、稲葉の渡欧は、藩の許可のない渡航であったというが、渡航許可はとっており、伍堂の記事は信憑性に欠ける」と記した点については、まず、誤解を避けるために、「渡航許可はとっており」の部分は「渡航許可を申請したが、藩からの許可を得ていない」とすべきであった。また、「伍堂の記事は信憑性に欠ける」との見解は私の見解であり、この見解がフラーシャム・N・良子氏の玉稿の見解であるかのような表現となっているのは間違いである。玉稿から多くのことを御教示いただきながら、ご迷惑をおかけしたことをお詫びいたしたい。

さて、先述の拙著『権術を弄さず野心は抱かず』発刊以降、いくら学術的なものではない拙著とは言え、史料の根拠もなく、稲葉の渡欧が藩主慶寧の周知のことであったと記述したことについては、その後、忸怩たる思いが募るばかりであったことから、適切な史料にも出会えず未解決のままになっていたが、私なりの考察の現状を披瀝し、御教示を期待するのも良作と考え、仮定と試案を考察余滴として紹介してみたい。

「伍堂卓爾一世紀事」には「欧州行紀事」の記録を始める前の彼の履歴を記載した冒頭部分に明

治元年十二月下旬に事故があったと記述されている。しかし、その事故なるものの具体的な内容についての記載がない。記載された頃には詳細な内容を記述することが憚られたか、それとも記述するまでもなく記述当時は「十二月下旬の事故」といえば詳細な内容を記述するまでもなく世間では周知のことがらであったかのいずれかであったと思われる。

この記載部分に付いて、彼が明治三年十一月に金沢藩庁に提出した「先祖由緒并一類附帳」（金沢市立玉川図書館所蔵、加越能文庫）は、以下のように記している。

同月（明治元年九月）長崎表江罷越執行仕候所、同所医学校当直医従朝廷被仰付、月給一ヶ月金拾五両宛被下之候、同年十二月病気ニ付、奉願右当直医被免候、明治二年巳二月再医校当直医従朝廷被仰付候、（後略）

すなわち、「十二月下旬の事故」に関する記載はなく、明治元年十一月から翌年の二月までの医学校当直医を離れていた間の理由は病気になっているのである。すなわち由緒帳では、「十二月下旬の事故」は闇に葬られているのである。どちらが真実かは断定できないが、「伍堂卓爾一世紀事」の詳細な記述からみて、後述するこの間の金沢往復が真実で、病気は仮病のような気がする。

さて、この「十二月下旬の事故」は、伍堂にとって重大事に思えたと見え、この事故の内容を彼の主君である本多政均（播磨守）に上申すべき事柄であると考え、直ちに長崎病院当直医を依願退職し、長崎から神戸まではアメリカの飛脚便船、神戸から金沢までは陸行し、昼夜兼行で帰藩して、近侍頭役の中根義太夫を通して、すぐに内意を伺ったという。

これに対する本多政均（播磨守）の回答は、「面会をすることを許す事は敢えて拒むものではないけれども、五万石の家中で問題となり、様々な意見が沸騰する恐れがある。そのような事になれば、かえって春閤のためにはならないので、上申の趣意の委細は聞いたので、来春（明治二年）私が長崎に赴き、伍堂の素志を貫徹させるようにするから、すぐに秘かに長崎に帰り、時が来るのを待て」とのことであったという。

この回答を伍堂は「仁愛深い内命」をいただいたとして、直ちに旅装して翌日黄昏に乗じて金沢を出発、藩用急行飛脚に頼み込み同行させてもらい神戸に到着し、また、神戸から長崎への船便が出港した直後であったため、兵庫裁判所知事であった伊藤博文に面会して懇願し山陽と西海の両道を経由して長崎に至るための証明證を受領することができ、昼夜兼行で長崎に帰り、直ちに長崎医学校に入塾し、その後、明治二年二月に長崎裁判所に於いて従来と同じように長崎病院当直医に任命され職務にあたっていたが、同年三月末に藩の軍艦奉行岡島喜太郎などの訪問を受け、フランス語の通訳として、彼らと共に渡欧したというのである。

以上の記述から長崎で伍堂が明治元年十二月下旬に直面した事故とは、稲葉助五郎が四人の留学生を伴い、藩に許可を申請したものの、その許可を待たずに渡欧したことでなかったかというのが私の仮説である。

そのような仮説に至った第一の理由は、長崎にいた伍堂が、昼夜兼行を厭わず帰藩し主君の本多政均に伝えるべきと考えた「十二月下旬の事故」に該当するような事件が、稲葉の渡欧以外に見当たらないからである。「事故」という語彙は、一般的には「悪い出来事」を指す場合が多いが、この場合は、突発的な事件や出来事というより、不都合な行為や事態、すなわち訳《わけ》、子細《しさい》の意味で、どのような子細かは明記されていないが、稲葉が渡欧することを申請し準備していたことは藩首脳も勿論伍堂も周知し、藩の許可を待っていたのであるが、稲葉側に何らかの子細が生じ、藩の許可が下りる前に船出してしまったことを指しているのではなかろうか。穿った見方をすれば、稲葉が引き連れた四人の留学希望者の一人として伍堂も加わることになっていたのではなかろうか。しかし、伍堂は藩の許可が未だ下りていないことで、同行をあきらめ、稲葉らの船出を隠して、許可が下りるよう主君本多に注進するため長崎と金沢間を往復したのではなかろうか。

このように考え、稲葉の渡欧が彼の独断でなく、藩首脳の意向があったものとすれば、稲葉の後ろにいて、彼をバックアップした人物は本多政均以外に考えられない。本多は開港後、藩内に鎖港攘夷派と開港貿易派の二者が形成され、その後、それらが尊攘派と佐幕派に発展し藩内での闘争が激化、元治の変での長州の敗北で尊攘派は弾圧され、その後、積極的に西欧の技術や文化を導入することで近代化を図る政策を推進し、明治の世を迎えるわけであるが、この間、本多は一貫して、西欧化の導入に積極的な姿勢を取り続けてきた人物であった。

明治新政府の成立により、新政府の旧来の門閥を打破し、藩政改革を推進する過程においても、加賀藩における本多の藩政内における権勢は不動であった。例えば、明治元年九月一日、藩主慶寧は、「大政御一新の趣旨に鑑み、旧弊を一洗して時勢に沿った職務分担にする」と表明して人事の改革を実行したが、行政全般と軍事全般を統括する「平生方・軍事方相兼」という最重要任務に本多を指名したし、同年十月二十八日、新政府が諸藩に藩主を補佐する執政、藩の庶務を司る参政などを置くなどのいわゆる藩治職制を公布した際にも、この人事権をゆだねられた藩主慶寧は、本多を他の三人と共に執政に任命している。このように、本多は、暗殺される明治二年八月までは、藩主の補佐役として藩政を主導していたのである。

ことに、稲葉が欧州への渡航申請をした頃の元年十月頃には、外国からの軍艦や兵器の購入や海外留学生を派遣し藩の富国強兵を目指す施策を展開する権力を本多が行使することは不可能な推測とは言えまい。本多はこの件を内々に藩主慶寧の耳にも入れていたのではなかろうかとも思われる。しかし、十月二十八日の藩治職制の改革以降、その後も執政として強い権力をもちながらも、徐々に本多に対する批判的な勢力の台頭も有り、稲葉の渡航申請に許可を出すことがスムーズにいかなくなった事態が生じたのでなかったか。

本多の暗殺者が当初懐中にしていたという上書は現存しないが、暗殺者二名が中央政府の弾上臺より派遣された覚大巡察などの鞫問《きくもん》を終えた後に、暗殺者たちが刑獄寮に対して口述した内容を記す口上書による本多の罪状は、一つとして具体的の事実を認めることは出来ないものであったが、ただ、「洋風を主張し、玩物のみに執著し、其幣害少なからず。本朝の銃器たる弓剣槍等の術は、いわれなく廃されるべく趣向に相成りおり、（中略）洋流のみ主張し、是が為に諸士異風を好み柔弱に陥り、驕奢淫佚彌増に相成り」と記していることに対しては、「政均が洋風を鼓吹するを喜ばず、遂にこの凶変を醸すに至りしは惜しむべし」との評があるように、稲葉の渡航申請と稲葉の船出の間には、後に洋風導入に積極的な彼を暗殺するような反本多の批判勢力が芽生えていたようにも見える。だとすれば、渡欧申請に対する許可が届かないままの稲葉の船出ないし船出計画が明らかになった段階で伍堂が驚愕し、主君の本多に事態を知らせるべく、長崎から急遽本多の元に急行したのも頷ける。

以上が明治元年十二月に伍堂が長崎、金沢間を昼夜兼行して往復したのは何故かという疑問に対する私の妄言である。この妄言に対する回答はとっくに解決されていて、知らぬは浅学非才の自分だけなのかもしれない。であれば是非教授願いたいと思う。また、解決していないのであれば、このような仮説も成り立つとか、あるいは仮説ではなく、このように考えられるとの史料の存在を御呈示願えるといったヒントを与えていただければ幸いである。

Ⅳ　渡航目的を伍堂に託し、佐野鼎らは何故帰藩したのか

金沢市立玉川図書館所蔵の加越能文庫に収められている「伍堂卓爾一世紀事」によれば、明治二年三月末に加賀藩の軍艦奉行岡島喜太郎が佐野鼎、関沢孝三郎、吉井保次郎を伴って長崎病院当直医の任に当たっていた伍堂卓爾のもとを訪ね、藩命での欧州行きについて、伍堂に長崎病院当直医を辞職して、フランス語の通訳として、彼らに同行するよう命じ、岡島が長崎裁判所知事の井上馨に伍堂の辞職を出願し許可をえて、同年四月三日に四人はアメリカ船コスタリカ号で長崎港を出発した。

この欧州行きの藩命とは、渡欧を申請したが、その許可を得る前に、明治元年十二月に軍艦や兵器を買い付け、お雇い外国人を雇い入れ、西欧諸国に留学を希望する四人を伴い渡欧した軍艦奉行稲葉助五郎に計画を断念させ、帰国するよう命ずることであった。しかし、この欧州への旅の途中、香港から岡島喜太郎、佐野鼎、関沢孝三郎の三人が藩命の遂行を伍堂と吉井に託し帰国した。その理由に付いては、「伍堂卓爾一世紀事」に次のように記している。

仝（明治二年四月六日）夜独国「アデレアン」商会ニ招カレテ晩餐ヲナス、此ノ時主人アデレアン氏、上海新紙中日本紀事ヲ読ンテ曰ク、日本ノ太政官紙幣ハ大ニ価格ヲ墜《おと》シ一百両ハ殆ント墨其古《メキシコ》弗五枚ニ対セントスルノ傾アリト、岡島・佐野両氏大ニ驚愕、藩政ヲ憂フルコト切ニシテ将ニ此ノ行ヲ中止セントスルニ至リ、客舎ニ帰ルノ后、頻《しき》リニ会議ヲ開クモ中止ノ議整ハス、（中略）仝月十三日香港ニ投錨、直チニ上陸、仏人某大客舎ニ投宿ス、翌十四・十五両日間滞在、該《その》市ノ内外ヲ巡覧ス、岡島等藩政ヲ憂フルコト愈々《いよいよ》切ナリ、遂ニ欧行中止帰朝ニ一決シ、春閣及ヒ吉井保次郎ノ両人ノミヲ差遣シテ藩用ヲ完《まっと》フセシムヘシト議決ス。

すなわち、藩命を受け上海に到着した岡島一行は、明治二年四月六日の夜にドイツの貿易商人アデレアン氏に同商会が主催する晩餐に招かれ、その時にアデレアン氏から、地元上海の新聞に、「明治新政府が発行した太政官札の価値が非常に下落し、百両がおよそメキシコ弗五枚の値に下落していているようだ」との記事があることを伝えられ、岡島、佐野は驚愕して藩政を切に憂い、渡航を中止しようとの意向をしめしたが、結論を出すに至らず、その後香港に到着して、三人が帰国し、藩命は伍堂と吉井の二人に託されたというのである。

『石川自治と教育』五七九号（平成十六年刊）の「石川の近世・近代を彩った偉人・俊傑・奇人」と題するシリーズで伍堂を紹介する執筆機会を得て、改めてこの史料の記述に接した私は、深い考証もせず、「客観的にみれば、下級藩士の彼等が帰藩したところで、激変する社会がどうにかなるというものでもなかったと思われるが、西欧の知識を有する自分たちの力が不可欠であるとの思い込みが昂じた帰国であったのか、それとも他に何か理由があったのか判然としない」と記述した。

さて、この記述が如何に不備なものであったかを反省する機会を与えていただいたのは、フラーシャム・N・良子氏の論文「新史料による陸蒸気器械をめぐる諸動向」（『石川郷土史学会々誌』、平成二十二年刊所収）であった。この玉稿の中で氏は「明治二年四月三日渡欧した佐野が、同十六日急遽香港から帰国の理由を、太政官紙幣下落とされているが、陸蒸気の残り利息支払いを憂慮されただろうが、器械陸揚・据付、そして一日も早い始動の陸蒸気御聞き方主附としての責任理由もあったとしても不思議ではないようにおもわれる」と述べられ、佐野ら三人の帰国は、思い込みが昂じた帰国ではなく、明確な理由があったことを知ることになったのである。そこで私は、この記述の「帰国の理由を、太政官紙幣下落とされているが、陸蒸気の残り利息支払いを憂慮されただろうが」の部分に注目して考証を加えてみたいと思う。

下曽根塾で学んだ佐野鼎が、加賀藩に召し抱えられ、御異風格、西洋砲術師範棟取役となったのは、安政四年（一八五七）十一月であった。万延元年の遣米使節や翌年の遣欧使節に加わり、帰国後の文久二年（一八六二）に軍艦奉行補佐に任命されて以降、明治三年（一八七〇）に新政府の兵部省に出仕する間に、彼が残した業績は枚挙にいとまがなかったが、その業績の一つに、慶応元年（一八六五）に藩から陸蒸気器械や兵器購入を目的とした長崎出張を命じられ、翌年三月、同地でポルトガル商人ショーゼイ・ロレイロと陸蒸気器械購入に関する注文定約書を取り交わしたことがあげられる。

注文品の内訳や価格に付いては、金沢市立玉川図書館所蔵の加越能文庫に所収されている「製鉄器械大凡価附目録」に詳しく記されているが、それによれば、佐野が注文した陸蒸気器械の納期は十七ヵ月後以内であり、製鉄器械は、慶応三年（一八六七）七月に軍艦所の東隣に設けられた七尾製鉄所（当時のこの名称は、現在の製鉄所ではなく、造船・船舶修理所の意味である）に備えられる手はずであったが、納品期限の同年八月になっても陸蒸気器械は納入されなかった。受け取りに長崎に向かったのは、後に申請したものの許可を待たずに渡欧した稲葉助五郎であった。稲葉は陸蒸気器械の納入を督促し、未着を解決するためにロレイロとの交渉に入ったが首尾よく事は運ばず、来年（明治元年）三月必着の約束をして一旦長崎を離れた。しかし、三月に再度長崎にきたものの未着であった。四月事態打開のために稲葉は裁判を出願した。七月ようやく物品の到着の連絡が入り、稲葉は物品の到着や受け取許可も見届け、同年十月に渡欧出願を提出し、藩の許可を取り付ける前に同年十二月に数名の留学生を率いてイギリスに向かったのである。藩は当初ロレイロの約束違反を裁判での決着を希望して直ちに受け取る事はせず、最終的に支払いを終えて陸蒸気器械を手にしたのは翌明治二年三月であった。

さて、フラーシャム氏の「太政官紙幣下落による陸蒸気の残り利息支払の憂慮」と「陸蒸気器械の陸揚げ・据付け・始動するための陸蒸気御開き方主附としての責任」の二つの帰国理由の指摘は依存のない卓見であると思うが、陸蒸気器械は、明治元年七月に到着の連絡が入り、稲葉は物品の到着や受取許可を見届け同年十月に渡欧出願を提出し、佐野らが長崎を出港する以前の翌同二年三月に藩は支払いを終えて陸蒸気器械を手に入れていたと思わる。長崎で手に入れてから七尾への運搬や陸揚げと据付けなどの時期の予測は出来ていたはずであり、この一連の作業に佐野らの技量が不可欠であれば、最初から稲葉への藩命を伝える役目は佐野らに与えられなかったのではないか。据え付けや試運転などの佐野を欠かせない時期は、当時およそ四ヵ月程度で欧州を往復できたことから、佐野らは欧州で使命を果たし帰国後に据え付けや試運転が出来ることを念頭に派遣されたとも考えられなくはない。そのように考えると、佐野らの香港からの帰藩は、「陸蒸気器械の陸揚げ・据付け・始動するための陸蒸気御開き方主附としての責任」以上に、当時の新政府の金融政策や藩の対応と深く関連した「太政官紙幣下落による陸蒸気の残り利息支払の憂慮」が大きな理由でなかったか。些細な事ながら、そのあたりを考察してみたい。

新政府は明治元年（一八六八）五月に財政資金の不足を補い、殖産資金を供給するために金札といわれた太政官札（紙幣）を発行し、農商へ貸し付けると共に諸藩にも石高に応じて貸付けた。しかし、不換紙幣として発行された金札は流通難に陥り、価格が下落し金札一〇〇両は、金貨四〇両で交換される有様であった。同年六月に新政府は金札の打歩引き換えを厳禁したが効果が薄かったため、同年十二月には金札の時価通用を認め、金札一二〇両を正金（正貨）百両として公納を許可したことで、いくらか改善された。

このような新政府の金融政策に対して加賀藩は、五月中旬に金札の通用を命じたものの、当初京都や大坂の藩産物方出役所から流入した大量の金札や政府から借り下げた金札打歩引き換えをして正金（正貨）と交換し、翌六月に新政府から、「過日早急ニ付、融通ノタメ楮幣ヲ下ケ渡セントコロ、多分ノ打賃ヲ出シ正金ト引替タルハ如何ノコトナルヤ」と厳責を蒙ったというから、全国的に価格の下落が懸念され始めると、藩財政強化の観点から正金（正貨）集めに奔走したことがうかがえる。しかし、このような藩の姿勢は加賀藩に特有のものではなく、全国的な状況であり、新政府から厳責を蒙った後も変わるものではなかったろうし、結果として、「金札一〇〇両は、金貨四〇両で交換」という状況を生み出していたのである。

翌明治二年一月に藩が政府から十五万両の金札を借用した頃には、先述した前年十二月の政府による金札一二〇両を正金（正貨）一〇〇両として公納を許可するという金札時価通用認可政策により、以前よりいくらか藩が安心感を抱ける状況となっていたのである。このような太政官札（紙幣）を発行による経済の混乱は、外国商人にも損害を与え、国際問題にもなったことはよく知られている。

さて、佐野が取り交わした注文定約書によれば、陸蒸気器械の購入代金総額は二万四〇〇〇ドルラル（約一万六二〇〇両）、その内七四〇〇ドルラル（ドルラル一〇〇枚について六七両二歩替で四九九五両）は約書調印の際支払い。購入品の納入は一七ヵ月後以内でなるべく早く、但し、破船等の不測の事態があった場合は、その後さらに一七ヵ月の猶予を認めるとの条件下で、受け取り後約四四〇〇ドルラル（二九七〇両、史料では三〇〇〇両）を支払う。残りの一万二一〇〇ドルラル（八一六八両二歩、上記計算上は一二一〇〇ドルラルで八一三五両）は、三ヵ年賦で支払う。支払いが遅れた場合は一ヵ月一〇〇ドルラルに付き一ドルラルの利息、「右代金はドルラル、又ハドルラルの時相場ヲ以テ日本貨幣にテモ可相渡候事」などとなっている。

このような陸蒸気器械の購入代金総額二万四〇〇〇ドルラルのうち定約書調印時に支払った七四〇〇ドルラルを除く未払い分、一万六六〇〇ドルラル内の物品受け取り時に支払う約束の四四〇〇ドルラルと、三ヵ年賦で支払う約束の一万二二〇〇ドルラルについても問題が生じたことは想像に難くない。明治二年三月の陸蒸気器械の受け取りと支払が実行され、その際に藩が支払う約束をしていた四四〇〇ドルラルの支払いは、佐野ら一行が渡欧のために金沢を出発する直前であったと思われる。

ただ、この時期の藩財政は戊辰戦争で多額の出費が嵩み、また、新政府による太政官札の発行という政策の推進で、明治元年十月頃のおよそ一ヵ月間の大坂の藩産物方出役所の金銭出入りの情況の記録では、入金は金札（太政官札）が正金（正貨）の約三・一倍となっており、出金を差し引いた黒字高は正金（正貨）が八五七両一歩、金札（太政官札）が一七二〇八両と金札（太政官札）が正金（正貨）の二〇倍を占めている。佐野らの帰藩した後の明治二年六月、新政府が一万石に付き金札二五〇〇両の金札（太政官札）を下げ渡され、代わりに同額の正金（正貨）を上納する様に命じられた際には、これに応えることが困難なために、家臣たちに家録一〇〇石に付き、五両の正金（正貨）を金札（太政官札）と交換するように命じ、それでも十分でなく、足軽、小者、坊主、町民や農民にまで協力を求めざるを得なかった。

このような正金（正貨）の枯渇状況は、陸蒸気器械の受け取りとその際に支払う約束の四四〇〇ドルラル（約三〇〇〇両）の支払いに絡んで、問題が生じたと思われる。すなわち、当時の正金（正貨）が枯渇する状況では、藩はロレイロ側に金札（太政官札）での決済を希望し、ロレイロ側は不安定な金札（太政官札）での決済は容認しなかったと思われる。この時の支払い対する佐野の関わりや、支払いがメキシコドル、正金（正貨）、金札（太政官札）のいずれであったかなどの詳細は明らかに出来る史料は今のところ見いだせないが、陸蒸気器械一式の購入定約書を取り交わした責任者とし佐野は、藩の不安定な経済状況や、今後問題となると思われる三ヵ年賦で支払う約束の残りの一万二二〇〇ドルラル（八二二五両）の支払いについて憂慮しながら長崎から旅立ったのである。

そのような憂慮を抱えた佐野が上海でのドイツ人の商人アドレアンの開催する晩餐会で、彼から耳にした「日本の太政官紙幣の価値が大暴落し百両はメキシコドル五枚になっている」との情報は渡欧中止を考えるほどの驚愕であったとしても不思議ではない。先述したように佐野がロレイロと定約書を交わした当時の交換比率はメキシコ弗一〇〇枚は正金（正貨）六七両二歩であり、支払い金はメキシコ弗ないし、メキシコ弗の時価相場で日本貨幣でも可とするものであったが、上海での情報ではメキシコ弗五枚が太政官札一〇〇両というものであったから、メキシコ弗一〇〇枚は太政官札二〇〇〇両となり、三ヵ年賦で支払う約束の残りの一万二二〇〇メキシコ弗は、太政官札で二四万四〇〇〇両となる。この情報は、太政官札の価格が発行当初に下落し金札一〇〇両は金貨四〇両に当たるという状況が伝わったものであろうと思われるが、どのような支払い方法を取るにしろ、佐野にとって正金（正貨）が枯渇している藩の財政にとっては看過できない重大事であると考えたと思われる。このような状況から鑑みれば、佐野らの帰国決断が納得できよう。

Ｖ　伍堂卓爾の適塾修学に関する疑問点

緒方洪庵の「適塾」への入門者に関する記録に「姓名録」がある。この記録には、全国からこの塾に集った六三七人の姓名があるが、一人は再入学したため重複記載となっており、六三六人の入塾が確認できる。この「姓名録」の原本は緒方家から日本学士院へ寄贈されているが、複製本が作られている。この複製本が制作される際の未製本が展覧会場で掲示されたが、この掲示によって「姓名録」にはない門下生の何人かが判明したという。

その後、緒方洪庵の生誕一五〇年を記念し、適塾出身者の活躍ぶりを調査し、これを検証する記念事業が昭和三十五年（一九六〇）に計画され、その調査結果は、『適塾門下生調査資料』としてまとめられた。第一集は昭和四十三年（一九六八）、第二集は昭和四十八年に刊行されている。

昭和五十五年（一九八〇）適塾記念会は、大坂、福岡、川島（岐阜）、東京の四ヵ所で順次、「緒方洪庵と適塾展」を開催しているが、その際、六三六人を入門順に紹介し、同時に発刊した「図録」には、彼らの出身を都道府県別に掲載している。また、大阪市中央区北浜の「史跡・重要文化財適塾」

には入塾者名を都府県別にまとめ地図とともに紹介したパネルが掲示されている。これらの史料などで石川県からの入塾者は三十三人であることが知れるが、その中に伍堂春閣の名が見え、訪問し見学させていただいた際に職員の方に見せていただいた「姓名録」のコピーされた複製本では、伍堂春閣の入塾は文久四年（元治元年、一八六四）二月五日と明記されている。

なお、前田幹先生の玉稿「新出の渡辺家文書」（『適塾』第十号・昭和五十二年刊）には、「渡辺卯三郎関係文書目録」の二二の『卯三郎筆「備忘録」（横長一冊）』について伍堂卓爾の名前の出ている次のような解説文があるが、残念ながら今のところ私は、この『卯三郎筆「備忘録」』の原本を眼にしておらず、何時の日かこれを読み解きたく思っている。さて、前田幹先生の解説文は次のように記す。

表紙に「備忘録　渡辺北渚」とあり、慶応二年（一八六六）二月二十八日にはじまり、六月四日に至る九州遊学の旅日記である。敦賀を経て大坂につき、緒方拙斎・緒方郁蔵を訪れたが、郁蔵は往診中で面会できなかった。大坂から海路小倉へ上陸、九州各地の蘭学者と旧交を温めつつ、四月二十七日長崎に到着。長與専斎、緒方洪哉、佐野栄寿（常民）、らに会い、五月十三日から精得館のボードインとハラタマについて学んだが、ボードインは病気と称して休講が多かったと記している。この「備忘録」には、上記三人のほか馬嶋健吉・田中一庵、山本清仲、吉雄（養正）・渋谷（良耳）・宮田魯庵・伍堂春閣・草野玄洋らの適塾生の名が出る。

すなわち、慶応二年の初頭では渡辺卯三郎は同郷の伍堂春閣が適塾入門生として認識していたことがうかがえるのである。

今更という気もするが、渡辺卯三郎と、現在目録が作られ公にされている「渡辺卯三郎関係文書」について、要約して紹介しておきたい。渡辺卯三郎については、牧野隆信先生をはじめ多くの研究者の研究成果が公にされているが、それらをもとに、近年（平成三十年二月）江沼地方史研究会が発刊した『加賀ふるさと人物事典』の記述がもっとも的確であると思えるので、それに拠らせていただくことにしたい。

卯三郎は、加賀藩の支藩である大聖寺藩の家録二七俵の小身の家に生まれた。幼少より槍術、剣術、馬術に長け、漢詩を好くし、儒学を東方芝山に学んだ。芝山は卯三郎の適性を見抜き、金沢の蘭医黒川良安に学ぶ事を勧め、良安のもとで蘭学の基礎を身につけた。その後、嘉永元年（一八四八）緒方洪庵の適塾に入門、三年後に、洪庵に願い出て、約一年ばかり長崎において研鑽を重ね、帰塾して同六年に選ばれて第七代塾頭に抜擢された。安政元年（一八五四）、父の健康を気づかい帰藩したが、その際、洪庵に依頼され、洪庵の子である洪哉（惟準）と四郎（惟孝）の二人を連れ帰り、二人の漢籍と蘭文典の指導に心血を注いだ。如何に洪庵が卯三郎に一目置いていたかを示す事例であろう。帰藩後の卯三郎は、藩医や藩主の侍医に登用されるが、研学の志を立て、慶応二年（一八六六）再び長崎遊学を願い、同三年帰藩した。その後の卯三郎の活躍については、ここでは割愛する。

「渡辺卯三郎関係文書」は、現在岡山市一宮の渡辺家に私蔵されてきた文書である。昭和五十一年（一九七六）、岡山県立博物館が「近代科学をひらいた人々―岡山の洋学者―」と題する特別展を開催するにあたって、同館員の前田幹氏が渡辺家において見出され、先述したように前田幹氏によって「新出の渡辺家文書」の表題で翌昭和五十二年に『適塾』第十号で内容紹介され、その後、渡辺家の当主渡辺公子氏により、適塾記念会に寄贈されたのであった。

さて、伍堂は、若くして江戸、京都、長崎で学び、医学、蘭語、仏語に長け、長崎裁判所の当直医であった明治二年（一八六九）、藩命でロンドンに向かう軍艦奉行岡島喜太郎、佐野鼎、関沢明清、吉井保次郎と合流、香港から岡島、佐野、関沢が帰藩した後は、吉井と渡欧し、その際に、オランダの軍医、ピーター・スロイスを御雇外国人として雇用する契約をしたこと、また、イギリスまでの見聞録、「欧州行紀事」を残したことで知られる人物である。

しかしながら、「欧州行紀事」を含む彼の自伝ともいえる「伍堂卓爾一世紀事」や彼と父又晋斎の二つの「先祖由緒并一類附帳」（いずれも金沢市立玉川図書館近世史料館所蔵、加越能文庫所収）などには、彼が適塾に入門し学んだとの記録は見当たらない。適塾入門という重要な事を彼が失念したとは思われず、何故だろうと長らく疑問に思ってきたこの件について考察してみたい。

まず、伍堂が適塾に入門したとされる文久四年（元治元年、一八六四）二月五日前後について、「伍堂卓爾一世紀事」や「先祖由緒并一類附帳」にいかなる記録が記載されているか紹介する。両者の記述内容は、多少表現は異なるもののほぼ同じなのでここでは「伍堂卓爾一世紀事」の記述を抜粋し紹介する。

文久二年戊二月、齢十九歳ニシテ医学修業ノ為メ京都ニ出府シ仝地室町々医師新宮涼民《りょうみん》ノ家ニ入塾修行ス（是時通称春閣ト改名ス）仝三年亥六月、齢二十歳ノトキ当時ノ大樹徳川慶喜上洛還御《かんぎょ》ニ付、其奥医師法印《ほういん》石川元貞ニ随従シ東海筋江戸ニ出府シ、江戸町下谷泉橋通リ種痘所（旧幕府立西洋医学館、即チ今ノ大学医学部ノ起源）ニ入塾シ、専ラ蘭書ヲ学フ、元治元子年七月

願年限満期ニ付帰国ス、

「姓名録」が記す伍堂卓爾の適塾入門が、文久四年（元治元年、一八六四）二月五日であるならば、前年の文久三年（一八六三）六月に「当時ノ大樹徳川慶喜上還御《かんぎょ》ニ付、其奥医師法印《ほういん》石川元貞ニ随従シ東海筋江戸ニ出府シ、江戸町下谷泉橋通リ種痘所（旧幕府立西洋医学館、即チ今ノ大学医学部ノ起源）ニ入塾シ、専ラ蘭書ヲ学フ」の記述の次ぎに、文久四年（元治元年、一八六四）二月五日に適塾に入門するとの記述があって然るべきなのに、それが無く、元治元年（一八六四）七月に種痘所を退所して金沢に帰ったことになっている。

この史料に見える種痘所とは、安政五年（一八五八）五月に当時の幕府の奥医師であった伊東玄朴らが蘭方医数十名と結社を組織した時に、神田お玉ガ池に新築した集会場を種痘館と名付けた

のであったが、同年十二月、火災で焼失した。万延元年（一八六〇）七月、神田和泉橋に新築再興し同年十月幕府が経費を補助することになった際に種痘所と改称され、その後文久元年（一八六一）十月からは幕府が経営する官営の西洋医学所となったのであった。このような西洋医学所に伍堂が文久三年（一八六三）の中頃に入塾し翌年の中頃に退所する約一年間の一時期に大坂の適塾に入門し学ぶ事は物理的に困難な事は明らかである。では、江戸において伍堂が適塾と何らかの関係が持てる機会がなかったかを検討して見たい。

そのことについては、緒方洪庵が文久二年（一八六二）八月に幕府に招請されると、適塾の経営を養子の緒方拙斎らに任せ、江戸では奥医師と西洋医学所頭取を兼ね、同年十二月に法眼に叙せられたが、翌文久三年六月急死したため、その後任として洪庵の次男緒方惟準《これよし》が西洋医学所教授となった。このように伍堂が江戸に出て西洋医学所に入塾した時期は緒方惟準が西洋医学所教授となった時期とほぼ重なるのである。その後、緒方惟準は、文久四年（元治元年、一八六四）に長崎に遊学するが、同年二月五日に伍堂が適塾に入塾したとする時期には緒方惟準と伍堂は師弟関係にあったと推察される。

また、緒方惟準は、慶応元年（一八六五）オランダに留学するが、元治元年（一八六四）七月に金沢に帰ったものの、慶応元年（一八六五）の五月頃に再度長崎遊学のため金沢を離れているから、短期間ながらこの時期にも伍堂は緒方惟準に再会したのではなかろうか。また、時期は異なるが、安政年間に緒方惟準が師と仰いだマンスフェルトに伍堂も明治初年に学んでいることも二人に親交があったことを示すものではなかろうか。

その後、緒方惟準は明治元年（一八六八）に帰国し、典薬寮の医師となって医学所取締に就いたが、翌年医学所を辞し、大坂病院御用となり、翌明治三年からは軍事病院勤務となり、明治二十年（一八八七）に退職するまで軍医として活躍している。

さて、緒方惟準が軍事病院勤務となったころ、伍堂は新政府より御用召しの達しがあったものの、加賀藩がそれを拒否したことがあった。この事について「伍堂卓爾一世紀事」は、次のように記している。

同月二十七日兵部省大坂出張所ヨリ大坂藩邸へ向ケ春閣御用召ノ達シアリ、藩邸ニ於テハ本藩庁へ問合セノ上、藩庁ニ於テハ春閣義目下藩中必要ノ人物ニシテ難為応召旨議決セルニ由リ兵部省大坂出張所へ其旨申出タリ、故ニ春閣ハ此ノ朝命ニ応シ得サリシ、當時在坂ノ緒方玄蕃正ニ就キ御用ノ趣ヲ問合セタルニ、今般橋本琢磨（橋本綱常氏ノ通称）洋行可被申付、其代職即チ大坂医学校医学通弁職申付ケ月給八十両給与スヘキトノ内意アリ

藩が断ったものの伍堂は自身への新政府からの御用召しの内容が如何なるものであったか知りたく思ったと見え、その内容を訊ねたのが玄蕃正の地位にあった緒方惟準であったのではなかろうか。伍堂卓爾は明治七年（一八七四）九月新政府に召出され、陸軍省に出仕して東京本病院に勤

務して以降は軍医の道を歩んでいるが、この伍堂卓爾の転身も緒方惟準との深い親交があったことをうかがわせる。

このような状況を踏まえれば、西洋医学所での二人の出会いにより、緒方惟準の伍堂に対する好意から、伍堂の適塾入門が承認され、「姓名録」に伍堂の名前が乗せられたのではなかろうか。故に伍堂としては、適塾での修学と同等な知識を緒方惟準によって身に付けたとはいえ、大坂の適塾で学んだというわけではないので、自身の経歴の中に適塾入門の記載をする事を憚ったのではなかろうか。

以上、確固たる史料にもとづかない推測を交えた「伍堂卓爾の適塾修学に関する疑問点」について、私見を展開してみた。今後は史料を探索し私論を裏付ける作業を続けるつもりであるが、自身の年齢を考えれば覚束ない限りである。御批判や御助言をいただければ幸いである。

Ⅵ 「伍堂卓爾一世紀事」に見える「夢の記述」の意図

「伍堂卓爾一世紀事」中の「欧州行紀事」は、伍堂と吉井立吉（保次郎）がロンドンを目指す船旅での出来事を綴っている。そこには、およそ二ヵ月にも及ぶ長旅の疲れと宿願のヨーロッパに到着した安心感からマルセイユのホテルに到着するや熟睡し夢を見たと記し、その夢の内容を事細かに紹介する部分がある。詳細は本著で紹介したとおりであるが、夢の内容は伍堂と白髪の見知らぬ老人の会話で構成され、要約すれば以下のごとくである。

まず、老人が「万里の波濤を渡ってマルセイユに至るまでの間に見て感じたことを語れ」と促したことに対する、伍堂の回答内容は、多くの寄港地が西欧諸国の力がおよび、社会のほとんどの分野で目覚ましい近代化、西欧化が浸透しつつあることが詳述されている。

この冒頭で伍堂が白髪の見知らぬ老人に語った部分は、ペリー来航以降、我が国を訪れた多くの欧米人や欧米に雄飛した人々によって我が国にもたらされた情報によって国の発展を漠然と欧化することに求めた時期に伍堂が思い描いていた欧米感と欧米を見習うべきと考えていた具体的事例、および彼自身の明治二年（一八六九）の海外雄飛による体験談となっている。幕末維新期に地方の知識人が持っていた西欧観の中心は蒸気機関や街灯、電話、新聞などの近代的技術が主で、他の分野、例えば風俗や習慣などについては、誤った欧米観を持っていた事例も多い。

例えば、本書に含めた清水誠の南仏での見聞録には、友人のヴェルニーの片田舎の故郷を訪問した際、ヴェルニーの父が親族を四十人も集めて日曜日ごとに食事を振る舞うと聞いて、何と煩雑な習慣であろうかとの感想に続いて、「日本では、近頃間略であるのが西洋流と言っているが、これは大なる間違いで、間略であるのはインドないしアフリカ流で、西洋流は煩雑至極である」と、認識不足もはなはだしい感想を述べている。比較的当時としては学識を持っていたと思われる清水誠でさえこのような状況であったのであり、明治初頭に日本人が持った欧米観には多くの誤解があったのである。

このような夢に続いて、老人の「日本には大和魂と言うものがあるそうだが、それは如何なるものか」との質問に、伍堂は以下のような所説を挙げ、最後に「以上の所説は吾が地球上に生存する天民たる者の、天に報いる心であり、また日本の大和魂と称するものはこの事である」と結んでいる。

挙げられている所説の要点は次ぎのごとくである。

1、中国の文字、制度、風俗を用いているのは日本と朝鮮で、それは我が国の進歩にとって有害無益である。欧米の言語、文字を採用するのが良く、特に天下に普及している英語を万国共通文字とする。

2、そのためには、古来の文字を廃してローマ字を使用し、横書きとする。それを推進するために教育制度や教育機関を整備する。

3、しかし、教えもしない民に急にそのような制度を推進することはかえって人心を乱れさせ国家の命脈を短縮するので、人民を大改革の制度内に生活させ、徐々に言語、文字、風俗、制度を一変し、天與の霊機活の理を知って天の神に報いるべき天地の道理としての道を知らしめることが急務である。

夢の中で語られるこのような伍堂の見解は、明治初期から数年間、国内で台頭した文明開化、いわゆる欧化主義の主張を代弁する内容になっており、伍堂もその主張に感化されていたと考えられる。例えば「欧米の言語、文字を採用し、英語を万国共通文字とする、せめて日本古来の文字を廃してローマ字を使用し、横書きとする」などと言った明治初頭の欧化主義の主張に伍堂も賛同までではないにしろある程度の理解を示していたのではなかろうか。

このような伍堂の説明に老人が「君は未だ子供じみたことから脱却していない」と笑いながら、次のように答えている。

汝未タ乳臭ヲ離レス僅カニ地球上一部分ヲ観過シテ以テ天下観徹ノ憶説ヲ吐露ス、汝時勢と人和トヲ知ラス深ク顧慮スヘシ、汝将ニ済世治民報天ノ志ヲ抱カハ先ツ欧州諸国ニ入リ各国ノ制度歴史ヲ観察シ博学ノ大家ニ就キ汝ノ技芸心膽ヲ錬磨スヘシ、然ル后再会ヲ期スヘシ

すなわち、「君は未だ子供じみたことから脱却していない、僅かに地球上の一部分を観過して、それを以て天下観徹したかのように、根拠のない節を吐露している、君は時勢と人和とを知らず、深く憂慮すべきである。君は将に人民の難儀を救い、民を治め天に報いる志を抱くのであれば、先ず欧州諸国に入って各国の制度・歴史を観察し、博学の大家に就いて君の技芸と肝っ玉を錬磨しなさい、然る後に再会を期しなさい」と伍堂に忠告したと言うのである。

このように考えれば、「白髪の見知らぬ老人」として夢の中に登場する人物は、西欧文化に触れた後に、過度な欧化主義を信奉から脱却した伍堂自身であったのではなかろうか。この体験録「伍堂卓爾一世紀事」は、明治二十四年の十一月十二日に伍堂が本籍を石川県から東京に移し、東京府士族になった事の記録で終わっている。この事から「伍堂卓爾一世紀事」は、この頃にまとめられた記録である可能性が高い。過度な欧化主義を信奉していた明治初頭の自身を、「伍堂卓爾一世紀事」を記録する明治中期頃の自身の変化を「白髪の見知らぬ老人」として登場させ、かつての過度な欧化主義に対する自己批判を含めた形にし、夢として書き足したのではなかろうか。

伍堂の思考の変遷をこのように推測することが正しければ、この夢の内容は、幕末から明治初期の我が国における欧化主義の軌跡や文明開化の基調の変遷と見事に一致しているように見える。

この分野での識者によれば、「文明開化期」は明治四年（一八七一）十一月の岩倉遣外視察団（岩倉具視米欧回覧使節）の一行が船出した頃から始まり、明治六～八年にかけて最高潮になったと言われるが、文明開化期の終焉の時期については、自由民権運動の高まりによって開明政策がはたんするいずれかの時期を想定できるとしての、明治八年説、同十年説、同十四年説があり、内閣制度が創設された時期、すなわち同十八年説、文明開化を単純に西欧化と考えるならば憲法が発布された頃とする同二十二年説など様々な主張があるようである。

何れにしても、この期に展開された内容は、（一）森有礼、福沢諭吉、西周などによる西洋文明国流の学会、啓蒙活動の団体を立ち上げ、広く国民の文化的啓蒙を目的とする活動を展開するもの、（二）開明政策、開化政策の名のもとに明治政府の政策として新教育制度、殖産興業政策などが展開されたこと、（三）建築・食物・着衣、髪形などの容姿容貌など多方面にわたっての洋式の風俗、習慣の導入や、汽車、電話、郵便制度、ガス燈など生活文化の西欧化による近代化の展開など多岐にわたった。

このように文明開化期の欧化主義は、明治十年代後半から同二十年代にかけて、条約改正の実現のために、井上馨らを中心に政府が採用した外交政策とそれを背景にした思想や風俗の欧化を推奨することで推進されたが、このような思潮の嚆矢は幕末から明治初期にすでに芽生えており、明治中期頃には下火となったのである。

「伍堂卓爾一世紀事」中の「欧州行紀事」に記述されている国語国事問題に焦点を当てれば、それまでのオランダを含めた欧米諸国との交流の深まりの進展により、明治初年にいち早く森有礼は英語採用論を唱え、ホイットニーにたしなめられ、文字に関しては漢字廃止論や漢字節減論が唱えられ、ローマ字採用論が西周などにより提唱された。また、明治十六年（一八八三）には欧化主義政策の所産と言われる鹿鳴館が開設される時期になると、明治十八年には矢田部良吉・外山正一らによって羅馬字会なるものが成立し、ヘボン式のローマ字の綴り方が同会により採用された。当時は演劇改良会、風俗改良会、男女交際法改良会、住宅改良会、衣服改良会などを中心に、あらゆる分野で「改良」が推進され、欧米人との雑婚を奨励する人種改良論まで出現した「改良」の時代とも言われる状況で、井上馨は、この「改良」に積極的な姿勢で臨んだ欧化主義政策の推進者であったが、漢字をローマ字に変えることを主張した。

しかし、このような欧化主義は様々な歴史的な要因により反対運動に直面することになった。政治的な面からは高まる自由民権運動を推進する運動家たちによる鹿鳴館およびそこで開催されるパーティなどが、民衆の血税の無駄づかいであるとの批判、思想面からは徳富蘇峰ら民友社に所属する人々やその賛同者の平民的欧化主義推進者たちによる、当時の政治家などが主張する欧化主義は軽薄な貴族的欧化主義であるとの批判、また、外国人法官の任用規程に絡んで条約改正の反対運動を展開した国粋主義者を中心とする人々と民権論者が手を結ぶ形で欧化主義にも批判を向けたことなどにより、欧化主義は急速に下火となったのである。

この欧化主義が下火となった時期に伍堂は、自らもある程度信奉していた欧化主義に対し、自己批判の必要性を感じ、自己批判後の己を「白髪の見知らぬ老人」と設定し、過去の自分の考えを修正するという方法で「夢」の出来事として記述したのではなかろうか。

Ⅶ 『仏蘭西遊国日記』との出合いと岡田家が所蔵する事情

私が『仏蘭西遊国日記』なる史料に出合ったのは、今から十年以上も前の平成二十一年（二〇〇九）八月二日の事であった。この史料は、さいたま市在住の当時岡田家の当主岡田幸雄氏（現在は故人）が所蔵されていたが、ご子息の岡田和恭氏が自身のご先祖で、幕末維新期に活躍した加賀藩士の岡田雄次郎の事績を知りたいと当時私が館長の任にあった県立歴史博物館を訪問された際に、これは如何なるもので、どのようなことが書かれているのか知りたいと差し出されたのであった。

この史料をコピーさせていただき、後日読ませていただいた結果、この史料は「日本マッチの父」と称されている清水誠がフランスの名門パリ・エコール・サントラル（パリ工芸大学）に入学する前に、彼をフランスに導いた横須賀製鉄所の造船技師として幕府に雇用された御雇外国人フランソア・ヴェルニーの故郷オーブナを中心に、マルセイユに到着した三日後の明治二年（一八六九）の八月二十日に始まり同年九月十五日に清水誠が早朝の列車でリヨンをたち、夕方パリに到着した記述で終わる約一ヵ月足らずの短期間に南フランスを漫遊した際の日記録であることが判明した。

この史料に接して以降、翻刻による紹介や記述内容を紹介する講演など様々な方法で周知を図ってきたのであるが、今もって私が疑問に思っている事がらがある。

それは、清水誠の手になるこの日記風の見聞録が、何故、岡田家に保存され伝えられてきたのであろうか、見聞録の最末尾に「パリス之事情ハ吉井子等ニ御尋可被下候」と記述されていることから、誰かに要請され、それに応えるために清水誠が記述したことがうかがわれる。だとすれば、記述を依頼したのは誰か、依頼した目的は何か、清水誠がパリの事情について尋ねることを名指しした吉井という人物は誰かなどという点である。まず、この史料（日記）にも、「岡田子」としてしばしば登場する少年は、幕末維新期に活躍した加賀藩士の岡田雄次郎（乾州・政忠・棣《なるつ》）の長男で、フランソア・ヴェルニーと清水誠の渡仏に同行した当時十三歳の少年であった岡田丈太郎と同一人物であることは間違いがない。

しかし、この地域の海外留学生や御雇外国人について多くの成果を発表されてきた先学故今井一良先生は、安易な結論を示すことに極めて慎重な研究者であられたが、この件については、岡田家の当主への問い合わせ、岡田家の墓所見聞などを紹介した上で、「岡田雄次郎の長男は岡田丈太郎という者であったことは、間違いが無いが、この人物と留学した岡田丈太郎が同一人物であると証明できる現存史料は無い」とされ、「同一人物であることは捨てがたく、何時の日にかその事実を証明すべく努力を続けたい」とされたのであった。

だが、清水誠によって記述されたこの『仏蘭西遊国日記』なる史料が、岡田雄次郎を御先祖とする岡田家に伝わった事実は、清水と岡田雄次郎およびその息子の丈太郎が結び付いていたことを示すものであり、今井先生の「同一人物であることは捨てがたい」とされた見解が正当であることを示すものであると言えよう。なお、岡田家の当主への問い合わせなど詳細に調査された今井一良先生が、この史料に出合うことが無かったのは、この史料の保存者の岡田幸雄氏とご子息の岡田和恭氏が岡田家の分家筋に当たる家であったために、本家の調査を中心とされた今井先生の調査から漏れたことによるものと思われる。

岡田丈太郎はヴェルニーや清水誠と明治二年（一八六九）五月十二日（太陰暦四月一日）に横浜から船出した当時十三歳であった。さて、岡田雄次郎の息子丈太郎という少年は、どのような成行きでこの時にヴェルニーや清水と海を渡ることとなったのであろうか。留学時に十三歳であった少年が海外留学をなしえた背景には、父の存在とその意向なしには語れないと思われる。岡田丈太郎の父雄次郎とは如何なる人物で、彼らが渡欧する時期にはどのような役職に就いていたであろうか。

岡田雄次郎は、天保七年（一八三六）禄五〇〇石の加賀藩士の岡田家の長男として生まれ、高岡町奉行などを務めたが、文久二年（一八六二）江戸で航海術を習得し、藩立の洋学校壮猶館の航海学生頭取に就任、藩が同年末に買い入れた汽走帆船発機丸の艦将として翌同三年末、海路での将軍家茂の上洛に際し、供奉の任に当たり、慶応三年（一八六七）五月や七月にイギリスの軍艦が所口（七尾）に入港した際には接待係を務めた。

その後、幕府が崩壊し明治の世になるわけであるが、その際の戊辰戦争で加賀藩が朝廷軍の一員として北越で戦った時には、岡田雄次郎はこの戦いに従軍することなく、明治元年（一八六八）四月に京都に登り、執政局議事という役職に付き、朝廷側の人物たちと交流の輪を広げたと推測できる。そうこうしている内に、新政府は政権の基盤を固めるために、諸藩の有能な人材を貢士や徴士として登用することにしたが、彼は同年閏五月に徴士に任命され、刑法官権判事兼江戸府権判事、江戸府鎮台便事、鎮将府権弁事、天皇東幸に関する御用掛などを歴任後、この年十月に役を解かれ帰藩した。

帰藩した直後の同年十月二十八日、新政府は各藩の職制を中央集権的に統一し、諸藩を政府の地方機関として組織するための政策として藩治職制を公布した。この改革の内容は、諸藩に朝政を体認し、藩主を補佐する執政、藩の庶務に当たる参政、この執政・参政から選ばれて、国論を代表して政府の議員となる公議人を置くというものであった。この人選については、これまでの門閥主義を改めて人材を登用するよう求め、これらの人数など職制の制定権や人事権は藩主に属し、太政官には事後報告するものとされた。

この指示にもとづき加賀藩が改革に着手し、明治元年十二月十五日に人選した顔触れは、門閥主義を改めて人材を登用するという方針からは程遠いものであったため、新政府や藩士の一部から批判が出たものと見え、この年の暮れから翌年の正月にかけて執政・参政に追加任命が行われ改善された。同年十二月二十七日に参政から執政に昇任した横山政和の後任として岡田は参政に追加任命され、翌明治二年一月には、執政・参政の中から選ばれて、国論を代表して政府の議員となる公議人となり、江戸に居を定め活躍することになる。このように当時十三歳であった岡田雄次郎の長男であった丈太郎が清水誠とともにフランスに旅立ったのは、父雄次郎が江戸で活躍していた頃と重なる明治二年四月一日のことであった。

その後、岡田雄次郎は、同年九月五日に行われた藩治職制の改革で最高位の大参事に就任、中央政府と藩の連携を推進する貴重な人間として、ある程度の中央官僚との人脈も形成していたと思われる。東京での仕事柄、雄二郎がヴェルニーの一時帰国や清水誠のフランス行きの情報を得て、息子のフランス留学を考えたのではなかろうか。若いころより航海術にある程度の知識を持ち、藩の軍艦も操っていた雄次郎が、横須賀造船所に無関心であったとは思われず、故郷を同じくする清水と雄次郎はその存在を互いに知りあっていて、ヴェルニーの一時帰国の情報は清水から雄次郎にもたらされ、清水がヴェルニーと同行し、渡仏する藩への許可願い提出に雄次郎が深く関わっていた可能性もあると考えるのは飛躍しすぎであろうか。

さて、話を本題に戻したい。清水誠の記述した「仏蘭西遊国日記」なる記録が、何故、岡田家に保存され伝えられてきたのか？との疑問については、すでに拙書『海を渡ったサムライたち』などで私なりの推測をし、自身の見解を公にしており二番煎じとなるが、ここでも、今もって自信が持てない拙い私の見解に明快な回答を与えてくださる提示を期待して再掲したく思う。

岡田雄次郎は、丈太郎のほかに、次男の徳次と三人の娘を儲けた。小木貞正に嫁いだ長女友、桜井錠二に嫁いだ次女三、味の素の発明者である池田菊苗に嫁いだ三女貞の三姉妹である。次女三の夫桜井錠二は、七尾語学所で加賀藩が雇った御雇外国人のオーズボンの薫陶を受け、明治四年（一八七一）に上京して大学南校で学び、明治九年（一八七六）文部省の第二回海外留学生となりロンドン大学で化学を学んで、東京帝国大学に奉職し、わが国における最初の理学博士となり、日本学士院院長にもなった傑出した人物であった。

この桜井錠二には、房記と省三という兄がおり桜井三兄弟と謳われたように、何れも秀才であった。錠二より二歳年上の兄桜井省三は、十三歳の丈太郎がフランス留学した頃には十五歳であるが、その後、大学南校、横須賀造船所に学び、明治十年（一八七七）にフランスのシェルブール（フランス国西部コタンタン半島の北端、パリの西北西約三〇〇キロに位置する）の海軍造船学校に留学、帰国後は海軍艦船の建造を指導した人物である。

以上のことから、私は史料の裏付けのない非学術的ではあるが、次のような推測してみた。岡田雄次郎の次女三と桜井錠二の結婚により両家が親戚となったことで、両家の人々の個人的な交流が始まり、年齢の近かった岡田丈太郎と桜井省三の間にも交流が生まれたことは十分あり得る話であった。そこで、岡田丈太郎がフランス行きをともにした清水誠が、桜井省三が学んだ横須賀造船所の先輩であるという由縁で、桜井省三は、清水誠のフランスでの体験を自分のシェルブール海軍造船学校留学に先立って事前学習の参考にするための体験談の執筆を岡田丈太郎を介して清水誠に依頼したのではなかろうか。この求めに応じて清水誠が「仏蘭西遊国日記」と題して、多少乱雑に綴ったのが、現存するこの史料であったのではなかろうか。

岡田家に伝わる現存するこの史料は、他人の要望に応え提供したにしては乱雑に過ぎるのは、これをもとに岡田家で浄書したものが桜井家に送られ、清水誠の手になるこの史料は岡田家に留まり今日に至ったと考えられないであろうか。

しかし、このような推論をしてみたものの多少の疑念は残る。というのは、清水誠も桜井省三も造船を中心に機械学に関しては、高い見識を備えていたのに、日記風に綴ったこのような「仏蘭西遊国日記」が参考になるものとして清水誠が提示するようなことがあり得るかという点である。確かにこの見聞録には、留学するシェルブール海軍造船学校と同類のツーロンをはじめとする当時のフランスの造船所の様子が散見されるとは言うものの、清水が本気で桜井に提供しようと考えたものであるならば、専門性の高いものを作成したのではなかろうかと思うからである。ただ、桜井省三が、そのような専門性の高いものを求めるのではなく、フランスでの生活に戸惑うことがないよう習慣などについての知識を清水誠に求めたのであればこの疑念は払拭されよう。

また、このような推測とは全く異なる以下のような推測も考えられる。ヴェルニーに伴われてマルセイユに到着した頃には、まだ十三歳であった丈太郎が、当時のことを記録していなかったため、後年に自身の自分史めいたものを作るために、清水から情報を得るために清水誠に南仏での体験の記載を願い、提供を受けたものが、岡田家に伝わったとも考えられる。

以上が「仏蘭西遊国日記」なる史料が、岡田家に保存され伝えられてきた理由、誰が記述を依頼したのか、記述の目的は何かなどについて、現在私が推測している結論である。この結論がまったく的外れで、学術的に正しい見解が提示される事、ないし私の非学術的推測が的外れでないことを証明できる新史料の発掘や新しい見解が何れかの時期に現れることを期待したい。

最後にこの「仏蘭西遊国日記」なる史料の最末尾に「パリス之事情ハ吉井子等ニ御尋可被下候」と記述されているが、清水誠がパリの事情については自分ではなく、尋ねることを名指しした吉井という人物とは誰であるか、という点について、同様に非学術的ながら拙い推測をまとめてみたい。

吉井という人物については、私は今のところ、吉井友実《ともざね》か吉井立吉（保次郎）のいずれかであろうと推測している。まず吉井友実と推測する拙い根拠を紹介する。

フランスの名門パリ・エコール・サントラル（パリ工芸大学）で修学し、豊富な知識を身に付けた清水誠は、明治七年（一八七四）十月三日にフランス科学アカデミーの金星観測隊の一員として加わり横浜に到着した。この金星観測隊というのは、この年の十一月末に金星による太陽面の通過現象がアジア・太平洋地域を中心に見られることから、この観測によって地球から太陽までの距離を求めようとする国際地球観測年の行事として行われ、フランス科学アカデミーが中心に、アメリカなどをはじめとして多くの観測隊が加わった。フランスはわが国のほか、北京、サイゴン（ホーチミン）、ニューカレドニア島、サンポール島、カンベル島の六ヵ所に観測隊を派遣したのである。

我が国におけるフランス隊は長崎で観測に当たる本隊と神戸での観測に当たる支隊とに分かれたが、神戸で支隊と分かれた本隊は同月二十四日に長崎に到着し観測準備に入り、清水が参加した神戸の観測隊は十一月末に標高七五メートルの諏訪山に観測ポストを設営し、清水誠はスタンハイル望遠写真儀を携え観測に備え、当日太陽面を通過する連続写真十五枚の撮影に成功し、神戸観測隊の支隊長ドラクロアの帰国後の報告書の中で高く評価されたという。

『清水誠履歴書』などによれば、この年の夏に、清水誠は、当時ヨーロッパを外遊中の宮内次官吉井友実にホテルに招かれたという。清水誠が加わった観測隊の横浜到着が同年十月三日であるから、当時のフランスから我が国への船旅に必要とした日数を勘案すれば、パリを離れたのは八月中旬以前であったと思われるから、吉井友実は、パリ・エコール・サントラル（パリ工芸大学）における清水の勤勉さと優秀な成績であることに加え、フランス側から日本への金星観測隊の派遣と、隊員の中に日本人である清水誠が存在することを伝え聞き、清水誠に関心をもって彼をホテルに招いたと思われる。

この面談の際に、吉井友実は、ホテルのテーブルの上のマッチを指さしながら「このような些細なものまで我が国で製造することが出来ず、何もかも輸入にたよっている。これを君はどのように思うか。我が国の輸入超過の現状はきわめて遺憾なことで、君はこの事業を遂行する意思はないか」と問われ、清水誠は即座に「わが国は山林資源が多いからマッチの製造に適している。帰国したら必ずマッチの製造をしましょう」と約束し、金星観測を終え、翌明治八年（一八七五）二月、久方ぶりに郷里の金沢に帰ったものの、同年四月に上京し、三田四国町の吉井友実の別邸に仮工場を作り、マッチの研究と指導を始めたのであった。

しかし、官費留学生として期待され帰国した清水誠は、同年六月に横須賀造船所勤務を命じられ、マッチ製造は代理人に任せ、この本務のかたわら仮工場に指示を与えるという事態となった。両立に困難を感じていた彼をマッチ製造に専念させる便宜を与えたのは、後に紀尾井坂で旧加賀藩士によって暗殺された大久保利通であったというが、おそらく大久保と深い交流関係を持っていた吉井友実の尽力もあったと思われる。翌明治九年九月、清水誠は、仮工場を廃して、本所柳原町に本格的な工場を新築し、「新燧社」を創業したのである。

吉井友実は、文政十年（一八二七）、薩摩藩士の家に生まれ、安政の大獄が起こった頃には薩摩藩の藩邸に在り、諸国の勤王の志士たちと交流、その後、大久保利通らと国事に奔走し、文久二年（一八六二）には島津久光に随い上洛、さらに同人に随行して江戸に赴き、慶応三年（一八六七）十二月に岩倉具視、西郷隆盛、大久保利通らと共に王政復古計画の協議に参画した。戊辰戦争では鳥羽伏見の戦いやそれ以降の各地での戦いで薩摩藩兵を指揮した人物である。明治新政府が成立後は民部少輔、大蔵少輔、宮内少輔などを歴任、明治八年に元老院が設立されると同院議官となり、侍講として天皇の側近として仕え、工部大輔も務めた。明治十五年退官して日本鉄道会社社長に就任したが、二年後に官界に復帰し、宮内大輔、枢密院顧問などを務め、質実重厚な人物として天皇の信頼も厚く、憲法草案審議にも加わった。

このように多忙な日々を送っていた吉井友実ではあったが、フランス滞在中のホテルでの約束を実践しマッチ製造に力を注いでいた清水誠には一定の意を用いて接していたことは、明治十一年七月、政府にヨーロッパへの派遣を命じられ、フランスに滞在していた清水誠が吉井友実などに充てた「パリー博覧会出品ノ瑞典国製マッチニ関スル新燧社社長報告書」（早稲田大学図書館所蔵）や翌十二年十一月一日に当時工部少輔であった吉井友実が大蔵卿大隈重信および大蔵大輔松方正義宛てに清水誠が経営する東京の新燧社と長崎の支店に対して原料購入に対する財政的支援を願う文書（原本早稲田大学図書館所蔵、翻刻されて、日本史籍協会叢書41『大隈重信関係文書』四、史料番号七六九、吉井友実書翰として収録）などにより、窺い知ることが出来る。

このように史料「仏蘭西遊国日記」の末尾に見える「パリス之事情ハ吉井子等ニ御尋可被下候」見える吉井子（氏）は、吉井友実であろうと推測してみたものの疑念も残る。

清水誠が宮内次官としてヨーロッパを外遊中の多忙な吉井友実とパリで出会い会話を交わしたのは、吉井が投宿していたホテルの出来事以外には考えられない。であるならば、桜井省三のパリ留学に資することなどを目的に清水にパリの情況を記述依頼したと私が想像している岡田雄次郎ないしむすこの丈太郎が、清水がマッチ製造に乗り出す契機となった先述した二人の会話の内容について尋ねたこと以外、なにも尋ねるべきことがあったとは思われない。しかし、そのような事の詳細を記述し紹介することが、桜井家にとっても岡田家にとっても重要であったとは考えにくいし、パリに先立つ南フランスの体験談の記述とリンクさせるには違和感を持たざるを得ない。

では次に、吉井立吉でなかったかと推測してみたい。吉井立吉は、明治二年に伍堂卓爾とともに、前年に藩の許可を待たず、軍艦などの兵器の買入れや四名の藩士をヨーロッパ諸国で留学させることを目的として渡欧していた稲葉らを帰国させる任務に当たった人物として文献に名の見える吉井保次郎と同一人物に相違ない。それは、明治三年（一八七〇）に作成提出された吉井立吉の「先祖由緒并一類附帳」（金沢市立玉川図書館近世史料館所蔵）に、彼は八家の前田孝敬（弾番）の陪臣であった吉井家の二男に生まれたが、慶応三年（一八六七）に篠原家の手医者として三人扶持で召し抱えられ、明治二年に洋行御用を命じられ同年十月に帰国したと記すからである。なお、帰国後には公議人附属東京詰を命じられたとも記すことから、当時公議人であった岡田雄次郎との接点があったことも推測できる。しかし、この時の渡欧では、稲葉助五郎と吉井は、他の者たちに先立ち、直ちにアメリカ経由で帰国したから、吉井が清水誠が、出会うことはなかった。

その後、新政府は明治三年（一八七〇）十一月、全国の十五の大藩に、それぞれ二名の視察員を派遣するように命じたので、岡山、鳥取、徳島、名古屋、高知、熊本、彦根などの諸藩とともに、金沢藩は、岡田雄次郎と吉井立吉をその任に当てた（『加賀藩史料』、「維新以来御達」）。二人のほかに、当時藩の権大参事であった北川亥之作が藩費派遣として追加が許可された。この視察団の横浜出港は明治四年（一八七一）四月四日、同二十五日サンフランシスコ着、六月五日アメリカを発してイギリスへ、その後、フランス、スイス、イタリア、オーストリア、プロシア、ロシア、トルコ、エジプトを巡り、同年十二月九日に香港に到着、上海、長崎を経て明治五年（一八七二）一月に東京に着した（この日時は、金沢市立玉川図書館近世史料館蔵の「乾州岡田君行状」によるが、検討を要する）。

この視察中に撮影した写真（石川県立歴史博物館所蔵）が存在するが、それには、視察中の岡田雄次郎・吉井立吉・北川亥之作のほか、雄次郎の息子丈太郎、清水誠、黒川誠一郎、不破与四郎、佐雙左仲ら計八人の姿が見え、吉井立吉と清水誠が接する機会のあったことがわかる。なお、この写真については、裏に八人の名前と、一八七一年八月の月日、またイギリスでの撮影となっているが、明治四十四年（一九一一）に発行された『加越能時報』では、フランスのパリで撮影されたと記されている。この『加越能時報』の「撮影はパリ」と記載する根拠となったのは撮影されている八人内の誰かの証言であったと考えられる。『加越能時報』が発刊された明治四十四年にまだ存命であったのは吉井、不破（死亡年不明）以外の者は、すでに死去しているから吉井か不破の証言である可能性が強く、私見ではあるが撮影はパリであったのではなかろうか。

いずれにしても、いまのところ私は、この写真の撮影地を断定できる確かな証拠となる史料を眼にしないが、しかし、この写真の存在は、吉井と清水が、少なからず互いに知りあっていた、ないしこの機会により知りあうことになったと思われる。ちなみに吉井立吉は、帰国後は司法の道に進み、司法省で順調に昇任し明治二十一年（一八八八）前橋始審裁判所判事試補、翌年には熊谷治安裁判所判事、同二十五年には熊谷区裁判所判事、同二十七年には麹町区裁判所判事、同三十年東京区裁判所判事などを歴任した。

しかし、史料の末尾に見える「パリス之事情ハ吉井子等ニ御尋可被下候」見える吉井子（氏）を吉井立吉と推測してみたものの、吉井友実同様疑念も残る。先に推測したように清水が、岡田雄次郎ないし岡田丈太郎の依頼で「仏蘭西遊国日記」をしたためたのであれば、パリに長く滞在したわけではない吉井に尋ねることは、この写真を撮った時に吉井が絡んだ何らかの事情以外には考えられない。しかし、写真には岡田雄次郎も岡田丈太郎も写っているのだから、吉井にわざわざ聞くまでもないことなので理屈に合わない。「パリス之事情」とは、パリでの出来事ではなく、フランスの司法について岡田雄次郎ないし岡田丈太郎が感想を求めたので、清水はそのことについては、自分が語るより、後に司法の道に進んだ吉井に尋ねるべきだとして、「吉井子等ニ御尋可被下候」と記述したのであろうか。

長々とこれまで推測してきたことを述べてみたものの、あまり説得力ある記述であると自分自身思えないから、いわんや他人おやであろうと思う。この私の疑問や推測に対して御助言いただければ幸いである。

あとがき

平成十四年（二〇〇二）二月、当時六十歳での定年退職を目前にしていた私は著書なるものを初めて発刊した。これまで発表してきた拙い論文もどきものを収録した私家版の拙著『加賀藩における幕末維新期の動向』の「あとがき」で、「今後何年生きられるかは保証の限りではないが、人生八十年と言われている昨今、出来るならば、ボケ防止のために余生は趣味や特技で日々楽しむのがよかろうと思ったものの、残念ながら人前で披瀝できるような趣味も特技もないので、これまでと同様、今後も細々と地域の歴史の考察めいたことを趣味として続けていくことしかない」と記した。

このような方針を立てて以降二十二年が過ぎた現在、振り返ってみると、その間「地域の歴史の考察」のみでは寂しかろうと、遅まきながら趣味にできそうだと思えるようないくつかの定年前には考えもしなかった事に挑戦し、それなりに楽しんではきたが、「ボケ防止のための地域の歴史の考察」に最も多くの時間を費やしてきたように思える。

そのようなことから、ボケ防止の成果をまとめ、そのつど一冊にまとめ出版してきたのであるが、本著は私の六冊目のボケ防止の成果というわけである。いずれの拙著も学術的にはほとんど価値のない粗末なものばかりであるが、たまに、お世辞とは思えない真顔で「興味深く読ませていただきましたよ」などという言葉をいただき、調子者の私は、拙著に対するご批判に対しては、真摯に反省し、また納得できない場合には反論してきたものの、最後は無責任を恥じながら、厚かましく「ボケ防止の趣味としての成果ですから」と開き直って出版を続けてきたのである。

このような質の低い出版の引き受け手がないような作品を、最初の一冊目は橋本確文堂、二冊目以降は北國新聞社出版部に引き受けていただき、出版し続けることができたのは、高校時代の級友である飛田秀一氏（北國新聞社名誉会長）と橋本勝郎氏（橋本確文堂会長）の温かいご高配をいただいたからに他ならなかった。出版以外にも私的にあずかったご厚情を含め心からお礼申し上げたい。

また、史料の閲覧や掲載許可申請などについて御世話になった金沢市立玉川図書館近世史料館の職員の方々、所蔵されている貴重な史料の再三の利用を快諾いただいたさいたま市在住の岡田和恭氏、古文書の解読については自力では解決が困難であった数か所については、今回も浜岡伸也氏（元石川県立歴史博物館資料課長、石川県銭屋五兵衛記念館学芸員）にご教示いただいた。皆様に厚くお礼申し上げたい。

なお、本拙著の上梓は家庭における長男夫妻や孫たちに囲まれた穏やかな日暮しがあればこそであった。感謝したい。また、かつて私の生業に協力してくれ、七回忌も過ぎた亡妻の供養の一助ともしたい。「地域の考察」以外の趣味の世界にいざなっていただいた、かつての職場の先輩である奥田堅三先生や幼なじみの黒田昭子氏をはじめとする多くの友人からいただいた励ましにも感謝したい。

本拙著を出版するにあたり、様々なご助言、円滑な作業の進捗に心づかいをいただいた藤岡裕久氏をはじめとする北國新聞社出版部の皆様に心からお礼申し上げたい。

令和六年（二〇二四）四月

徳田寿秋

著者　徳田寿秋（とくだとしあき）
昭和16年（1941）石川県野々市市押野生まれ、金沢市在住。同39年、金沢大学法文学部史学科卒。高校教諭、県教委職員、金沢泉丘高校長、石川県立歴史博物館長などを歴任。平成26年瑞宝小綬章拝受、平成28年北國文化賞受賞。現在、石川県観光スペシャルガイドなど。
【著書】
『加賀藩における幕末維新期の動向』（平成14年刊）
『前田慶寧と幕末維新』（同19年刊）
『海を渡ったサムライたち』（同23年刊）
『軍艦発機丸と加賀藩の俊傑たち』（同27年刊）
『権術を弄さず野心は抱かず』（同31年刊）
監修に『石川県医師会創立百年史』編集委員会編『石川県医師会創立百年史』がある。
平成20年泉鏡花記念金沢市民文学賞、平成21年全国新聞社出版協議会ふるさと自費出版優秀賞。

黎明期の異国見聞録

発行日　2024（令和6）年5月1日　第1版第1刷
著　者　徳田寿秋
発　行　北國新聞社
〒920-8588
石川県金沢市南町２番１号
TEL 076－260－3587（出版部）
電子メール syuppan@hokkoku.co.jp

ISBN978-4-8330-2311-5 C0021
